El Mensajero
Y Su Mensaje

Alice E. Luce

La misión de Editorial Vida es ser la compañía líder en comunicación cristiana que satisfaga las necesidades de las personas, con recursos cuyo contenido glorifique a Jesucristo y promueva principios bíblicos.

EL MENSAJERO Y SU MENSAJE
Edición en español publicada por
Editorial Vida

Cubierta diseñada por: *Sarah Wegner*

ISBN: 978-0-8297-0582-9

CATEGORÍA: Ministerio cristiano / Predicación

IMPRESO EN ESTADOS UNIDOS DE AMÉRICA
PRINTED IN THE UNITED STATES OF AMERICA

INDICE

PROLOGO

"Me desagrada lo anticuado," dice el estudiante moderno. Y añade con gesto de suficiencia: "Vivimos en pleno siglo XX, el mundo progresa con inusitada rapidez y tanto los sabios como los hombres de ciencia han efectuado descubrimientos tan extraordinarios que nuestros antepasados desconocerían este mundo si volvieran.

"La predicación registrada en generaciones pasadas era apropiada para la gente de la época, cuya ignorancia jamás le hubiera capacitado para crear planes de salvación para sí misma. Fué así necesario que la Biblia le impartiera enseñanzas a fin de consolarla, y de mitigar las aflicciones de la vida.

"Pero ahora todo ha cambiado. El hombre del siglo XX ha hecho notables progresos en lo que respecta a sus antepasados. Sabe que el depender de otro para la salvación es indigno y que existe una chispa de vida eterna en todo ser humano, aun en el malhechor más perdido. Lo que necesita es avivar esa chispa hasta que produzca la llama que ilumina. Es así que el hombre puede salvarse a sí mismo. Por otra parte, la Biblia es un libro muy antiguo, interesante como reliquia, pero anticuado para servir de ayuda espiritual. La juventud del siglo XX se ríe de todo lo anticuado."

"Así es, hijo mío," le responde su padre. "Lo que tú dices me recuerda que la luz del sol es antiquísima. En la actualidad tenemos algo nuevo y mejor. Se trata de la luz eléctrica, invención del hombre. Dejemos por lo tanto lo anticuado, y usemos lo nuevo. Es humillante para la juventud del siglo XX tener que depender de la luz del sol, porque es anticuada.

"Será mejor edificar casas sin ventanas, a fin de que no entre la luz solar. No podemos impedir que brille el sol, pero está a nuestro alcance excluir la luz del sol de nuestras habitaciones, y alumbrarlas sólo con la luz eléctrica. Sonríes hijito. ¿Te das cuenta cuán absurdos son tus razonamientos? El calificar de anticuada la Biblia y afirmar que el hombre no necesita de la gracia de Dios para la salvación, equivale a rechazar la luz del sol por su antigüedad.

"Así como no puedes apagar la luz del sol, tampoco puedes apagar la luz divina que emana de las páginas sagradas. Afirmas que el hombre puede salvarse a sí mismo. Mas llegará el día cuando comprobarás por ti mismo, como lo han hecho muchos, que los planes de salvación del hombre fracasarán, como fracasó la edificación de la torre de Babel. El evangelio de la gracia de Dios y la salvación por medio de la preciosa sangre de Jesús, derramada en la cruz del Calvario, constituyen una antigua historia, pero tan bella, tan verídica y tan necesaria hoy para el hombre como lo fué el día que Cristo murió en el madero."

Dime la antigua historia del celestial favor,
De Cristo y de su gloria, de Cristo y de su amor.
Dime con llaneza propia de la niñez,
Porque es mi mente flaca y anhela sencillez.

Dime tan dulce historia con tono claro y fiel;
Murió Jesús y salvo tú puedes ser por él.
Dime esta historia siempre si en tiempo de aflicción
Deseas a mi alma traer consolación.

Dime la misma historia cuando creas tal vez
Que me ciega del mundo la falsa brillantez,
Y cuando ya vislumbre de la gloria la luz,
Repíteme la historia: "Quien te salva es Jesús."

Coro

Dime la antigua historia, cuéntame la victoria,
Háblame de la gloria de Cristo y de su amor.

El llamado hecho por el alma del hombre ha sido el mismo en todas las edades. Es posible que el joven se comporte con jactancia en épocas de prosperidad, mas cuando está decepcionado del mundo, cuando está abatido o al borde de la tumba, solamente la antigua historia de Cristo y de su amor podrá proporcionarle la satisfacción y la paz que necesita.

La autora dedica este pequeño manual a todos los mensajeros de Dios, los que han sido salvados por la gracia divina y que sienten en sus pechos un fuego consumidor, un deseo inextinguible de esparcir el mensaje de salvación y de relatar la antigua historia a los esclavos del pecado y de Satanás.

Todo creyente debe constituirse en el instrumento de salvación de otras almas. Debe ser para su prójimo un mensajero fiel del Señor. Los pastores, los evangelistas, los que tienen a cargo reuniones de jóvenes, los maestros de la Escuela Dominical y en general todo obrero cristiano tiene que pronunciar mensajes de la Palabra del Señor para llevar almas a los pies de Cristo y apacentar su rebaño. ¡Cuán importante es entonces estudiar la forma de preparar convenientemente los mensajes, a fin de que se constituyan en poderosos instrumentos de Dios, con el objeto de realizar en el corazón del creyente la obra que el Maestro anhela!

En el libro de Génesis, 49:21, se nos dice que Neftalí, el cual representa la tribu *misionera* entre los israelitas, según Nahum 1:15 e Isaías 52:7, "es una gacela suelta; él proferirá *dichos elegantes*." Podemos ver así que cuando pronunciamos el mensaje del Rey, no sólo debemos estudiar con diligencia el tema, sino también la forma de expresarnos. Dios anhela preparar el *mensajero* para su obra. Le proporciona un mensaje perfecto, el cual debe ser transmitido mediante expresiones hermosas, palabras elegantes y a la vez fáciles de entender. El mensaje es tan bello y glorioso que bien vale la pena transmitirlo con una elegancia y sencillez que produzca convicción en el corazón de los que lo escuchan.

Salomón nos dice en Proverbios 25:11 que "Como manzanas de oro en canastillos de plata, es la palabra que se dice oportunamente." El mensaje del evangelio es como el oro fino, precioso e incomparable. Es asimismo nutritivo, cual la manzana, pues contiene el

7

alimento que necesitan las almas. Y cuando estas manzanas de oro se presentan en canastillos de plata— las palabras elegantes que expresan el mensaje—¡ cuán deliciosas son! No constituye una pérdida de tiempo estudiar cómo hacer estos canastillos de plata. En los Proverbios 22:17-21 el escritor nos ordena aplicar a nuestro corazón las enseñanzas de la Palabra divina a fin de que sus verdades se conviertan en una realidad en nuestros corazones, se divulguen por nuestros labios y nos capaciten para responder con sabiduría divina a los que nos preguntan. Léase también 1 Pedro 3:15.

Sostienen algunos que el creyente debe prescindir de toda preparación, pues cuando llegue el momento de pronunciar el mensaje, sólo tendrá que abrir la boca y el Señor suministrará el mensaje. Mas no encuentro en la Palabra de Dios enseñanza alguna que sustente esta afirmación. La promesa que se encuentra en Mateo 10:19 la cual dice en parte que "en aquella misma hora os será dado lo que habéis de decir," no guarda relación alguna con los sermones o mensajes evangélicos. Las palabras citadas se refieren directamente a circunstancias especiales, cuando un creyente debe comparecer ante la justicia, y no tiene noción alguna de cuáles serán los cargos pronunciados contra él. En tal oportunidad el Señor promete enseñarles la manera de responder a las acusaciones falsas de sus enemigos, pero no indica de manera alguna que deben de omitir la preparación de sus sermones o lecciones que tengan que enseñar. Un obrero que no estudia bien la Palabra de Dios no podrá alimentar a su congregación con el Pan de la Vida, de manera que sólo tendrá creyentes espiritualmente débiles, que fluctúan de aquí para allá y son llevados fácilmente por el viento de las doctrinas falsas. Efesios 4:14-16. Mas el obrero que estudia con esmero la Palabra de Vida y prepara cuidadosamente el alimento espiritual, tendrá un rebaño que crece en la enseñanza del Señor, fuerte y capacitado para resistir los ataques del maligno.

En Ecclesiastés 12:10, 11 tenemos un cuadro apropiado de la obra del mensajero cristiano. Dice así: "Procuró el Predicador hallar palabras que agradasen, y escribir, como se debe, palabras de verdad. Las palabras de los sabios son aguijones; y como clavos profundamente hincados son las palabras de los maestros de las asambleas, las cuales son dadas por parte de un solo Pastor." El pastor debe ser el maestro que guía y enseña a su asamblea. Debe obtener las palabras del Pastor por excelencia, el Señor Jesús, cuyo Espíritu inspiró todas las palabras de la Biblia. Debe asimismo procurar palabras que agraden, a fin de que el mensaje sea cual agua fresca para el alma sedienta y le proporcione exactamente lo que necesita. Esto no significa que deba ser una persona que predica solamente mensajes amenos y agradables, prescindiendo de la verdad, y prometiendo un Paraíso sin la obra expiatoria de Cristo en la cruz. El mensajero debe predicar la verdad, sin que le inspire el temor o el favoritismo. Sus palabras deben de ser como aguijones y clavos profundamente hincados en el corazón de los oyentes. ¡ Qué Dios nos ayude a hablar de esta manera toda vez que pronunciamos un mensaje de Jesús!

—Alice E. Luce.

Capítulo 1

EL PREDICADOR Y SU MENSAJE

Predicador es aquél que proclama el evangelio a los hombres. Escribir no es predicar. En la predicación, debe existir el contacto directo y personal entre el orador y su auditorio. Mas no constituye predicación el simple hecho de ponerse de pie frente a una congregación, o de hablarle y entretenerla o impartirle instrucción. Se oyen en la actualidad procedentes de púlpitos cristianos discursos de carácter político y social, discusiones sobre temas de actualidad, controversias teológicas y estudios comparativos de las religiones y comentarios relativos a los últimos descubrimientos de carácter científico. Todo esto, por bueno que sea, no constituye predicación. El predicador no expone algo que ha concebido su mente, sino que pronuncia un *mensaje,* es decir, algo que ha recibido de Dios y que está comisionado para transmitir a los demás. Vemos así que un predicador es aquél que posee un *llamado y* mensaje definidos. Según las palabras de Pablo, se trata de una persona apartada "para el evangelio de Dios." Romanos 1:1.

El objetivo primordial del predicador debe ser el de entregar con exactitud el mensaje que le fué dado por Dios y no el que pudiera haber concebido su propia mentalidad. Este requisito es de mucha más importancia que la elocuencia. ¿Qué diría Ud. del cartero que en vez de entregarle la carta enviada por uno de sus

familiares, le diera una copia de ella, esmeradamente
redactada y escrita de su puño y letra? Quizá la
copia fuera superior en lo que respecta a estilo o
lenguaje, pero no tendría para Ud. valor alguno por
no ser la carta auténtica que le dirigiera su familiar.
Recuerde esta ilustración al ponerse de pie ante su
congregación. Dios requiere de Ud. exactitud y fidelidad. El propósito del predicador no debe ser el de
entretener a su auditorio y proporcionarle momentos
agradables, o simplemente darle algo provechoso, sino
*entregar con exactitud y fidelidad el mensaje que Dios
le encomendó para ella.*

El predicador debe ser intérprete. Por un lado,
debe estar capacitado para saber lo que dice Dios y
transmitirlo al pueblo; por el otro, estar compenetrado
de las necesidades del pueblo y poder presentar dichas
necesidades ante Dios. Léase Exodo 18:18, 20; Deute-
ronomio 10:8; Job 33:23. Lo más importante es lo
que se encuentra en Proverbios 25:13 que dice: "Como
el frío de la nieve en la sazón de la siega, así es el
mensajero fiel a los que le envían; porque da refrigerio
al alma de sus amos." Es importante proporcionar refrigerio a las almas sedientas del evangelio, pero es aún
más importante dar refrigerio y gozo al corazón del
Señor. Cuando salimos para predicar el evangelio,
nuestra oración debe ser la siguiente: "Señor, hazme
un *mensajero fiel*, para que traiga gozo y refrigerio
a tu corazón."

No es suficiente la preparación del sermón o la lección, pues es imprescindible también la preparación
del mensajero. Tras la palabra está la *personalidad*

del orador. La eficacia de la predicación depende de
la vida íntima del predicador. Si la conducta del
mensajero no está en consonancia con su mensaje, sus
palabras serán sólo motivo de escándalo y oprobio para
la causa de Cristo. La fuerza de un golpe no se mide
solamente por la energía del brazo, sino por el peso de
todo el cuerpo.

He aquí varias reglas prácticas que ayudarán al
obrero a prepararse para la obra de Cristo. (1) *Coló-
cate en las manos de Dios y no procures imitar a otros.*
Muchos obreros pierden las bendiciones de Dios por no
aceptar el lugar que el Señor ha escogido para ellos.
Procuran imitar a otros obreros, copiar sus métodos y
codiciar sus resultados. Si solamente eres el dedo
meñique en el cuerpo de Cristo, eres tan necesario como
el ojo. No malgastes el tiempo procurando ser ojo—
a lo que nunca llegarás—sino realiza la obra que te
corresponde como dedo meñique, y disfrutarás de la
bendición plena de Dios. 1 Corintios 12:15-21; 14:10.

(2) *Conserva pura tu vida ante Dios y los hombres.*
Isaías 52:11; 1 Timoteo 3:2, 9, 10; 4:12; 6:10, 11;
2 Timoteo 2:21, 22. *Lo que eres habla con tanta elocuencia* que no puedo escuchar lo que dices. ¡Que
Dios no permita que esto ocurra con ninguno de nosotros! Una vida de pureza y consagración durante los
seis días de la semana constituirá un mensaje más
elocuente que el sermón del domingo. Por intermedio
de tu sermón predicas por unas horas, mientras que
con tu vida predicas seis días a la semana.

(3) *Mantén la dignidad de tu cargo de embajador
de Cristo.* 2 Corintios 5:20; Efesios 5:4; Nehemías 6:3;

Hechos 6:2. No deben figurar en la predicación pentecostal las bromas ni los chistes. Lo que los hijos del
Señor necesitan es el alimento y no la espuma, el
trigo y no la paja. Jeremías 23:28. No te rebajes
tampoco a emplear en tus sermones el lenguaje de los
pecadores, sus palabras obscenas y vulgares. El embajador del Rey debe ser una persona seria, espiritual y pura tanto en lo que respecta a sus pensamientos
como a sus palabras.

(4) *Deposita tu confianza en el Salvador para tu
salud corporal.* Levítico 21:16-24; 22:17-22; Salmo
42:11; 43:5; 105:37; Romanos 8:2, 11. No solamente
debemos pedir al Señor la sanidad cuando estamos
enfermos, sino que debemos solicitarle la salud per-
fecta día tras día. Nos constituiremos así en los ex-
ponentes del poder sanador del Señor ante toda la congregación, y nuestros mensajes tendrán más fuerza y
eficacia. Un cuerpo dotado de la plena vida de Cristo
animará a los enfermos de la congregación a confiar
en Cristo para su sanidad también.

PREGUNTAS DE REPASO

1. ¿Qué es un predicador, y cómo se distingue de
   los simples oradores, o de un escritor?

2. ¿Qué es la predicación evangélica?

3. ¿De dónde debe el mensajero obtener su mensaje?

4. ¿Cuál es la condición más relevante que debe
   reunir un mensajero? Proporcione una ilustración.

5. Seleccione pasajes del Antiguo Testamento donde
   los profetas son denominados mensajeros de Dios.

6. ¿Cuál debe ser la actitud del predicador ante Dios y los hombres?

7. ¿Qué debemos aprender de Proverbios 25:13?

8. ¿Cuál tiene más importancia: la preparación personal del mensajero, o la preparación del mensaje?

9. ¿Qué relación debe existir entre la conducta diaria del predicador y su mensaje?

10. Proporcione cuatro reglas prácticas referentes a la preparación del mensajero y suministre textos bíblicos que las apoyen.

Capítulo 2

EL PREDICADOR Y LA ORACION EN PRIVADO

Son los predicadores modelados por Dios quienes son capaces de realizar obras de importancia para la causa del Señor. ¿Dónde modela y cincela Dios a sus mensajeros? En la cámara secreta de oración. El poder que el predicador tiene en público depende de su vida de oración en privado, en otras palabras, de las horas que pasa en comunión con Dios en su cámara secreta.

Todos los hombres que se han destacado en el ministerio de llevar almas a los pies del Señor han sido hombres de oración. Recordemos a David Brainerd que se internaba en la espesura de los bosques norteamericanos y con lágrimas intercedía fervientemente por los indios degradados, sin cuya salvación parecía que no podía vivir. Recordemos las vidas dedicadas a la oración de Enrique Martyn, Guillermo Carey, Adoniram Judson, Juan G. Paton, Hudson Taylor y otros grandes misioneros. ¿Hubieran esos hombres llevado a tantos cautivos del pecado a los pies del Señor, si no hubieran pasado largas horas en oración privada, si no hubieran pasado noches de agonía y de angustia, luchando contra las huestes satánicas por la liberación de los cautivos?

Martín Lutero dijo en cierta ocasión lo siguiente: "Hay tres cosas que hacen a un ministro: la oración, la meditación y la tentación." La oración ha sido a través de los siglos el fundamento de los avivamientos. En la historia de Finney se refleja la influencia que ejercía el humilde siervo de Dios que le acompañaba, quien nunca predicaba, sino intercedía de día y de noche por el predicador, mientras éste proclamaba la Palabra de Dios. Si leemos la historia de Moody no nos será difícil descubrir que el secreto de su ministerio tan fructífero residía en la intercesión ferviente llevada a cabo en su cámara privada. Se dice que el obispo Andrews, uno de los predicadores más espirituales de la corte de la reina Isabel de Inglaterra oraba cinco horas por día.

El gran predicador Spurgeon dijo en cierta oportunidad lo siguiente: "Por supuesto el predicador debe dis-

tinguirse como hombre de oración. Debe orar tanto como
el cristiano medio, de otra manera sería un hipócrita.
Y debe orar más que un cristiano medio, pues de lo
contrario sería incapaz de cumplir su ministerio. Si
como ministros no pasáis horas en oración secreta
¡ay de vosotros! No sufriréis tan sólo vosotros, sino
que vuestros rebaños sufrirán también. Llegará el día
cuando quedaréis avergonzados y confundidos delante
de ellos. Todos nuestros libros y nuestros estudios de
nada valen en comparación con la oración en privado."

Estudiamos, en calidad de obreros de Cristo, cómo
preparar un mensaje evangélico, en otras palabras,
cómo tomar las diversas partes y unirlas hasta que for-
men un todo, como harían los mecánicos armadores
con una locomotora. Mas debemos recordar que por
imponente que sea una locomotora, no cumplirá su
objetivo, no se *moverá,* hasta que no genere fuerza
motriz. Las horas de oración y comunión con Dios en
privado constituirán, por así decirlo, la fuerza motriz
que dará impulso a tus sermones. Allí, en tu cámara
secreta de oración, postrado delante de él, con devoción humilde y contrita, conquistarás almas y de-
molerás las fortalezas de Satanás. Allí obtendrás el
poder y la unción del Espíritu para cada mensaje, sin
la cual tu sermón sería como bronce que resuena o
címbalo que retiñe.

Cierta vez un anciano misionero dijo: "Solía pasar
cinco minutos en oración y luego hablar durante una
hora con un pecador que deseaba saber el camino de
la salvación. He aprendido ahora que vale más pasar
una hora en oración, y luego hablarle durante cinco

minutos." ¿Cuándo obtuvo Jacob su transcendental
victoria y se le cambió su nombre por el de Israel,
que significa "príncipe de Dios"? Fué después de una
noche pasada en oración. Moisés, el gran dirigente
israelita pasó cuarenta años en el desierto en comunión
con Dios antes de emprender la obra gloriosa que ocupó
los cuarenta años restantes de su vida.   El secreto
del poder maravilloso de Elías yace en el hecho que
fué expresado de esta manera: "¡Vive Jehová el Dios de
Israel, delante de quien yo estoy!" 1 Reyes 17:1. El
profeta ejercía funciones sacerdotales, y es así que
mediante la constante oración intercesora, Elías podía
confrontar a los falsos profetas y destruirlos, hacer
bajar fuego del cielo, soportar la ira del rey y la reina,
cerrar los cielos hasta que no lloviese por tres años
y medio y luego orar hasta que descendiera la lluvia
sobre la contrita nación.

Estudia la vida privada de oración de nuestro bendito
Salvador, como está revelada en los evangelios, especialmente el de Lucas. Cuando era apremiado por sus la-
bores continuas, pasaba toda la noche en oración o se
levantaba muy de mañana, cuando aún estaba obscuro
y se dirigía a un lugar solitario para tener comunión
con su Padre celestial. Estudia las oraciones de Pablo,
especialmente las recordadas en Efesios 1:15-23; 3:14-
21; Colosenses 1:9-12; 1 Tesalonicenses 3:7-12; 2
Tesalonicenses 2:13-17. Esta oración ferviente y eficaz
es descripta por Judas como *la oración en el Espíritu
Santo.* No procede del hombre natural, sino que es
inspirada por el Espíritu de Dios que mora en el interior del hombre. Se manifiesta a veces en el idioma

del creyente y otras veces en lenguas extrañas—1
Corintios 14:15—y otras veces con gemidos que no
pueden expresarse con palabras. Romanos 8:26, 27.
¡Roguemos a Dios que nos enseñe a orar con una intercesión semejante!

LAS ORACIONES DEL PREDICADOR.

¿Qué es lo que se debe tener en cuenta con respecto
a la oración? He aquí algunas sugerencias: (1) *Vive
una vida templada*. En 1 Pedro 4:7 la Palabra de Dios
dice lo siguiente: "Pero el fin de todas las cosas se acer-
ca; sed pues sobrios, y vigilantes en las oraciones." Debemos abandonar para siempre los pecados y placeres
del mundo. (2) *Desligate de toda preocupación
cuando oras*, con el fin de dedicarte por entero a la
oración. 1 Corintios 7:5. Debemos consagrar nuestras
vidas al Señor, rendirle nueva devoción exclusiva, y
aislarnos por completo de las distracciones y preocupa-
ciones del mundo. (3) *Persevera y vela en la oración*.
"Perseverad en la oración, velando en ella con acciones
de gracias." Colosenses 4:2. La palabra griega que se
emplea aquí indica que la oración debe ser el asunto
más importante de la vida del cristiano, y debe de
tener la preeminencia en todo.

(4) *Esfuérzate en la oración*. "Se esfuerza siempre
a favor vuestro, en sus oraciones, para que estéis firmes,
siendo perfectos, y plenamente asegurados en toda la
voluntad de Dios." Colosenses 4:12. La palabra *se
esfuerza* significa en el idioma griego agonía mortal,
lucha tremenda. Es así la oración intercesora, porque

se trata de una guerra contra las huestes del maligno, para la libertad de sus esclavos.

Lo que Impide la Respuesta a la Oración.

(1) *La iniquidad en el corazón.* Salmo 66:18; Isaías 59:1, 2. Las manos elevadas durante la oración deben de ser manos puras y santas. 1 Timoteo 2:8. Muchas veces oramos fervorosamente y nos sorprende no obtener respuesta a nuestras oraciones. En tal caso es bueno examinar y escudriñar nuestros corazones y nuestras vidas, porque si existe algún pecado o mal hábito, el orgullo o la inmundicia oculta en el corazón, impedirá la respuesta a la oración. Santiago 4:2, 3.

ex: carro

(2) *La idolatría en el corazón.* Ezequiel 14:3. Esos hombres aparecían muy piadosos en lo exterior. Vinieron al profeta y se sentaron con suma reverencia para oír la Palabra de Dios. Mas el Señor escudriñaba los secretos de sus corazones (1 Sam. 16:7) y veía que tenían escondidas algunas cosas que amaban más que a su Dios, y esas cosas eran sus ídolos. En nuestros corazones también pueden haber ídolos, quizá el dinero, quizá la fama o la honra de los hombres, quizá nuestros amados o cualquiera cosa que pongamos en el lugar de Dios. Tales ídolos deben ser demolidos por el poder del Espíritu y tenemos que amarle a él sobre todas las cosas y las personas del mundo, para que podamos conseguir las contestaciones de nuestras oraciones.

(3) *Falta de fe.* Marcos 11:23; Santiago 1:6, 7. Lo que entristece más el corazón de nuestro Señor es la falta de fe cuando acudimos en oración. ¿Acaso no es benig-

no y compasivo nuestro Padre celestial? ¿Acaso no ha prometido responder a nuestras oraciones? Juan 14:12-14; 15:7; 16:23. ¿Acaso no tiene poder para cumplir sus promesas? Jeremías 32:17, 27. ¿Acaso no está dispuesto a contestarnos? Mateo 7:7-11. Desechemos la duda y la falta de fe y acudamos con implícita confianza al que escucha la oración. Salmo 65:2.

Requisitos para que la oración sea eficaz.

1. Una vida obediente a Dios. 1 Juan 3:22.
2. Una vida que agrada al Señor. 1 Juan 3:22.
3. Una vida conforme a su voluntad. 1 Juan 5:14.
4. Una vida impregnada de su Palabra. Juan 15:7.
5. Una vida de fe sencilla. Marcos 11:24.
6. Una vida de intercesión en el Espíritu. Romanos 8:26, 27.
7. Una vida vivida en el Espíritu Santo. Judas 20.

La vida del profeta Daniel, registrada en la Biblia, constituye un monumento de la fidelidad de Dios en lo referente a la respuesta a la oración. Estudia con esmero el libro de Daniel a fin de aprender cómo orar. Se trata de un modelo para todo obrero pentecostal.

Las Oraciones de Daniel.

Daniel oraba en momentos de peligro, Daniel 2:17, 18; en las dificultades, Daniel 8:15 y en épocas de perplejidad. Daniel 12:8. Notemos asimismo las características de sus oraciones. (1) Oraba con regularidad, Daniel 6:10. (2) Oraba públicamente, sin avergonzarse, Daniel 6:11. (3) Oraba con inteligencia, Daniel 9:2.

(4) Oraba con reverencia, Daniel 9:3. (5) Oraba con humildad y compasión, confesando los pecados de la nación como si fueran suyos. Capítulo 9. (6) Oraba con fe y esperanza, confiando que recibiría la respuesta. (7) Oraba con perseverancia, y persistía hasta recibir la respuesta. Daniel 10: 3.

PREGUNTAS DE REPASO

1. Dé ilustraciones con respecto a la historia de la obra misionera, para demostrar la importancia de una vida de intercesión.

2. ¿Cuál fué el secreto de los avivamientos en la iglesia cristiana?

3. ¿Cómo podemos obtener en la actualidad un avivamiento?

4. ¿Qué dijo Spurgeon con respecto a la intercesión en privado?

5. Proporcione ilustraciones con respecto a la vida privada de oración de los santos de la Biblia.

6. ¿Qué lugar ocupaba la oración en la vida de Cristo?

7. ¿Quién nos debe inspirar en la oración?

8. ¿Qué es lo que impide la respuesta a la oración?

9. Mencione los requisitos para la oración.

10. Describa la vida de oración de Daniel.

Capítulo 3

EL TEXTO DEL MENSAJE

La palabra *texto* procede del latín, y significa tejido o estructura. Por lo tanto, el texto del sermón debe ser la textura de la cual está formado. Muchos emplean el texto como título o introducción de su sermón. Mas el predicador pentecostal debe de hacer del texto el tema mismo de todo su discurso. Primeramente escoge el texto bajo la dirección del Espíritu Santo y luego pídele la sabiduría que necesitas para explicar el tema que sugiere. Procura no abarcar demasiado en tu sermón y no desviarte de tu tema. Trata de que tu mensaje sea como una flecha directa, veloz, que dª el blanco.

He aquí cinco razones para escoger el texto: (1) Inspira confianza en la congregación; (2) Despierta el interés de la congregación; (3) Inspira valor al predicador, pues sabe así que dará un mensaje autorizado de las Escrituras; (4) Evita las digresiones, e impide que el predicador se aparte de su tema; (5) Facilita al predicador la adhesión a la Palabra de Dios, sin añadir ni disminuir nada.

La Selección del Texto

A veces el Señor mismo te dará el texto con tanta claridad y poder, que sólo necesitarás abrir la boca, pues el Espíritu te proporcionará la facultad de expresar

tus pensamientos. Otras veces, Dios te guiará a *buscar*
un texto antes de dar el mensaje. En tal caso, debes
buscar el texto de la siguiente manera: (a) Con mucha
oración; (b) con mucho cuidado; (c) considerando las
necesidades de tu rebaño; (d) considerando tus propias
limitaciones, es decir, no ocupándote de temas demasiado profundos. Salmo 131:1; 1 Juan 1:1, 2; (e)
con dependencia completa del Espíritu para el poder
que necesitas. Santiago 1:5; Juan 14:26. Debes evitar
el empleo de textos que no se adaptan para determinada
congregación. Tampoco debes dar al texto un significado distinto del que tiene realmente, ni separarte de
su contexto.

La Interpretación del Texto

Recuerda que hay que hacer cinco cosas con respecto
a la explicación del texto, a saber: (1) *Determina si el
lenguaje es literal o figurado.* Muchas veces puedes
determinar este punto, examinando cuidadosamente
los versículos que preceden y que siguen al texto con-
siderado y que están relacionados con él. La Biblia casi
siempre se explica a sí misma, y por lo tanto es importante dar significado literal a todo aquello que está
expresado en sentido literal, a la vez que hay que explicar como simbólico todo aquello que Dios habla
metafóricamente, como por ejemplo Juan 2:19, 21.
(2) *Aprende el significado exacto de las palabras.* Si
no entiendes una palabra, no podrás explicarla al
auditorio. Hay muchas palabras empleadas con distinto
significado en la Biblia, y es importante diferenciarlas.
Por ejemplo, la palabra *fe* significa *evangelio* en Gálatas 1:23; 1 Timoteo 3:9 y 4:1. En otros pasajes
significa creencia del intelecto, la confianza del corazón,

la convicción del deber o la fidelidad y deben distin-
guirse las diversas acepciones. (3) *Considera las
circunstancias en que se encontraba el escritor, el lugar,
la época y el propósito del escrito.* El sermón será más
claro para el auditorio, si puedes explicar quién fué el
autor del texto, bajo qué circunstancias lo escribió y
a quién fué dirigido. Por ejemplo, es muy provechoso
explicar las circunstancias que rodeaban a Pablo, "el
anciano," cuando escribió la tierna epístola a Filemón
desde su mazmorra en la ciudad en Roma. Es importante también notar el propósito que le animaba al escribir la epístola a los hebreos, y las circunstancias que
prevalecían entre los creyentes judíos cuando fué
recibida dicha epístola. Nota asimismo las circunstancias
patéticas en que se encontraba cuando escribió la
segunda epístola a Timoteo, unos días antes de su
martirio. 2 Timoteo 4:6-8. (4) *Compara un pasaje
con otro a fin de determinar todo lo que ha sido reve-
lado.* Cuando Satanás quiso engañar a Jesús citando
un versículo de las Escrituras, el Señor le respondió:
"También está escrito." Mateo 4:6, 7. Puedes deducir
así que ningún versículo puede interpretarse de manera
que contradiga a otro versículo. (5) *Debes de leer
todo lo posible con respecto a la Tierra Santa, sus habitantes y costumbres.* Este estudio será muy provechoso
a fin de explicar a la congregación los acontecimientos
registrados en la Biblia, las parábolas y su historia.

Las Bases para la Interpretación

Puede servir de base para la interpretación lo siguiente: (1) *El texto mismo.* Lo primero que debes
hacer es meditar con respecto al versículo mismo,
estudiando cada una de sus palabras. (2) *El contexto,*

los versículos que preceden y que siguen, y que están relacionados con el texto mismo. Un estudio diligente del contexto impedirá la errónea interpretación del texto. (3) *Los pasajes paralelos,* o capítulos que recuerdan o se refieren a lo mismo. Por ejemplo, si se trata de una parábola, milagro o acontecimiento de otro carácter, debes estudiarlo en los otros evangelios también. Cuando Dios repite algo dos, tres o cuatro veces, es indicio de que quiere darle un significado especial, y hay algo de importancia en cada narración. (4) *Otros recursos,* tales como comentarios, exposiciones y libros en general que contribuyen al estudio bíblico. Todo esto puede ser muy provechoso, pero nunca debe ocupar el lugar de preeminencia que le corresponde a la Palabra misma de Dios.

PREGUNTAS DE REPASO

1. ¿De qué idioma se origina la palabra *texto* y qué significa?
2. ¿En qué sentido se emplea con respecto a un sermón?
3. ¿Cómo deben relacionarse el texto y el mensaje?
4. ¿Por qué es provechoso tener un texto para el sermón?
5. ¿Cómo se debe buscarlo?
6. ¿Qué se debe evitar en la selección de un texto?
7. Dénse cinco reglas importantes para la interpretación de un texto.
8. ¿Cómo se puede saber si el lenguaje es literal o simbólico?
9. ¿Cuáles son las bases para la interpretación?
10. ¿Cuáles son las más importantes de ellas?

Capítulo 4

EL TEMA DEL MENSAJE

El tema es la esencia misma del sermón, el asunto principal del cual trata. Como lo veremos más adelante, hay varias clases de sermones y no todos se fundamentan en un solo texto. Sin embargo, todos deben de tener un tema principal, un asunto definido, una lección preeminente que debe ser grabada en el corazón del oyente. Cuando meditas en la presencia del Señor para preparar tu mensaje, a veces Dios te recordará un *texto* especial y otras un *tema,* como la santidad, los diezmos o la segunda venida de Cristo, el bautismo en agua, la sanidad divina y así sucesivamente. Si el Espíritu Santo sugiere un texto, lo primero que hay que hacer es averiguar el tema contenido en el texto, a fin de explicarlo bien al auditorio.

La elección sabia de un tema es de suma importancia para el predicador. Muchas veces el título ha sido el factor preponderante en la venta de un libro. Aunque no puedes depender del título de tu mensaje en lo que a poder respecta, es bueno no descuidar nada que pueda hacerlo atractivo para tu auditorio, y así llevar almas a los pies del Señor. Recuerda que eres pescador de almas y por lo tanto debes procurar que el anzuelo sea atractivo.

Al escoger un tema, debe de tenerse en cuenta lo siguiente: (1) Escoge un tema que tú mismo sabes bien; (2) escoge un tema que tus oyentes podrán comprender bien; (3) no escojas nada que sea trivial o frívolo; (4) escoge un tema que tenga por fin definido llevar bendición a tu auditorio; (5) no escojas un tema por el cual no sientas amplia y profunda simpatía; (6) Escoge un tema apropiado para la época, el lugar y la ocasión. "Requiérote . . . que prediques la Palabra." 2 Timoteo 4:1, 2. "Lo que hemos visto pues y oído, eso os lo anunciamos, para que también vosotros tengáis comunión con nosotros; y verdaderamente nuestra comunión es con el Padre, y con su Hijo Jesucristo." 1 Juan 1:3. "Y Felipe, abriendo su boca, y comenzando desde esta escritura, le predicó la buena nueva de Jesús." Hechos 8:35.

El principio fundamental que el orador sagrado debe recordar es el de predicar a Cristo. Muchos son los temas encerrados en la Biblia, mas todos dan testimonio de él. Cualquiera sea el tema que escojas para tu mensaje, preséntalo de manera que manifieste algo del Señor, que es el Verbo de la Vida. Solamente el Señor puede satisfacer tu alma y sólo él puede satisfacer las necesidades de tus oyentes. La predicación que presenta a Jesús como el Salvador, Santificador, Sanador, Bautizador, Maestro, Pastor, Guía y Rey venidero, es la que alimentará sus almas y producirá resultados permanentes.

Cuando el señor Moody se embarcaba para Inglaterra, a fin de realizar allí una campaña de evangelización, alguien le preguntó a dónde iba. El señor Moody respondió: "Voy a Inglaterra para llevar diez mil almas a los pies del Señor." Y Dios honró su fe y se las dió. El señor Spurgeon, famoso predicador, manifestó cierto día a un joven que se quejaba de que no tenía frutos en su ministerio: "Tú no esperas que se salven almas toda vez que predicas, ¿verdad?" "¡Oh no, por supuesto que no!" fué la respuesta. "Entonces nunca se salvarán," respondió Spurgeon, "porque conforme a tu fe te será hecho." Inspirado por una fe positiva y firme, procura que haya almas salvas después de cada uno de tus mensajes. Esto jamás se logrará si no vives una vida de continua intercesión en el poder del Espíritu Santo, para llevar el mensaje de la salvación a los corazones de todos los oyentes.

No es bueno escoger un tema que comenzaste a estudiar hace poco. Cuando el Espíritu comienza a iluminarte con respecto a un tema especial, medita con respecto a él por algún tiempo, estudia las Escrituras con esmero, ora mucho pidiendo la dirección del Espíritu Santo y deja que las enseñanzas del tema saturen tu ser todo. Entonces podrás alimentar bien a tu rebaño de lo que ha sido tu propio alimento. La Palabra tiene que ser primero "pan al que come" antes de ser "simiente al que siembra." Isaías 55:10.

Acuérdate de que cómo el padre es responsable para el alimento diario de su familia, y el pastor para el de su rebaño, así también Dios requiere del predicador que alimente con el pan espiritual las almas que han sido encomendadas a su cuidado. La mayor parte de los oyentes tienen que trabajar todos los días de la semana, y no les es posible pasar mucho tiempo en el estudio de la Biblia. El pastor, por lo tanto, tiene la responsabilidad

de buscar con esmero el alimento que les sea preciso,
y prepararlo con meditación y oración, y de presentarlo
de tal manera que les sea posible digerirlo bien. "Y
puede Dios hacer que toda gracia abunde en vosotros;
a fin de que, teniendo siempre toda suficiencia en todo,
tengáis abundancia para toda buena obra; según está
escrito: Ha esparcido, ha dado a los pobres; su justicia
permanece para siempre. Y el que suministra simiente
al sembrador, y pan para manutención, suministrará y
multiplicará vuestra simiente para sembrar, y aumen-
tará los productos de vuestra justicia; estando vosotros
enriquecidos en todo, para toda forma de liberalidad;
la cual obra por medio de nosotros acciones de gracias
a Dios." 2 Corintios 9:8-10.

PREGUNTAS DE REPASO

1. ¿Qué quiere decir el tema del mensaje?
2. ¿Qué relación existe entre el texto y el tema?
3. ¿Por qué tiene importancia el escoger un tema?
4. Proporcione seis reglas para escoger bien un tema.
5. ¿Qué principio fundamental debe recordarse en
   este asunto?
6. Cite una declaración del señor Moody la cual expresa el gran propósito de toda predicación.
7. ¿Qué le dijo Spurgeon a un joven predicador que
   no veía frutos en su ministerio?
8. ¿Es bueno predicar con respecto a un tema que
   hace poco se ha comenzado a estudiar?
9. ¿Por qué motivos debemos dedicar mucho tiempo
   al estudio y la meditación sobre un tema?
10. ¿Qué debe hacer el pastor para el alimento espi-
    ritual de su rebaño?

Capítulo 5

MATERIAL PARA EL MENSAJE

1. *Recoger el material.* Se trata de un trabajo de suma importancia para el predicador. Así como la calidad de una casa depende de los materiales empleados en la construcción, así también la fortaleza o debilidad de un sermón depende de sus materiales. El buen predicador recuerda siempre a su congregación, la lleva de día y de noche ante el Señor en oración y busca siempre aprender lecciones valiosas del Espíritu Santo que pueda impartir a su rebaño.

El señor Moody usaba el plan de tomar un sobre cada vez que el Espíritu le impresionaba con algún texto. Escribía luego el texto en el sobre y mientras meditaba con respecto a él durante semanas y meses, escribía notas relativas a pensamientos, ideas, acontecimientos o ilustraciones, las cuales depositaba en el sobre. Por supuesto este material estaba relacionado con el texto. Cuando consideraba que el mensaje tenía la madurez necesaria, sacaba las notas del sobre y con ellas preparaba su sermón. A veces el mensaje estaba listo después de varios meses; otras, sólo requería algunos días. Mas Dios usaba los mensajes para la salvación de miles de almas.

Es posible que Dios no le inspire a seguir el mismo plan del señor Moody, mas es cierto que los principios involucrados en su plan son de provecho para todo obrero. La vida diaria debe constituir una fuente de enseñanza para tus sermones y de cada uno de los acontecimientos de la semana puedes aprender algo que será de utilidad a tu grey. Se cuenta que cierta vez un anciano predicador vió unos diamantes en la joyería de un amigo. Los pidió prestados y con ellos en la mano, predicó un sermón empleando como texto Malaquías 3:17 que dice: "Y serán para mí especial tesoro, dice Jehová." Los oyentes dijeron que nunca habían oído una exposición igual, demostrando la gloria y la riqueza de la herencia de Cristo en sus santos. Los diamantes le habían hecho recordar las joyas que Cristo busca en este mundo. De esta manera todo lo que vemos y todo lo que hacemos debe sugerirnos alguna lección espiritual.

Otro método provechoso de recoger tu material es el de aprender de memoria porciones de la Palabra de Dios. Pruébalo y verás cómo te ayudará en toda tu obra. Comienza con pasajes cortos tales como Salmos 23, 27, 45, 91, 103 y 145; Isaías 12, 25, 40, 53, 55, y 60. Luego cuando hayas adquirido la habilidad de aprender de memoria es bueno aprender libros enteros, como las epístolas a los Efesios, a los Filipenses y a los Colosenses. Este plan te servirá de alimento continuo para tu propia alma, y a la vez como un depósito de bienes para tus mensajes.

2. *Coordinar el material.* Es muy provechoso para el predicador tener bien organizado el material. La buena

organización le facilitará recordar su mensaje, y los
diversos puntos se presentarán en la mente en su verdadero orden, de manera que si tiene notas no tendrá
necesidad de mirarlas, con la excepción de las referencias. La relación apropiada será asimismo de beneficio para el sermón, pues lo hará más lógico, más
claro y más convincente. Para los oyentes el beneficio
será aún mayor, pues podrán aferrarse mejor a las
enseñanzas y recordarlas bien, a fin de ponerlas en
práctica en su vida diaria.

El bosquejo sirve para dar fuerza y claridad al
sermón. Mas lo más importante es averiguar siempre
la *voluntad del Espíritu* en lo que respecta a coordinar
tu material y a depender no solamente de tu propio
entendimiento, sino de la sabiduría que el Señor te
proporciona. En los capítulos siguientes daremos un
bosquejo sencillo con respecto a la preparación de los
sermones. Aquí mencionaremos algunas *reglas para
la coordinación del material, reglas* que son aplicables
a todos los mensajes.

(1) Procura tener un solo tema, y que toda tu
argumentación, ilustraciones, pruebas, testimonios y
en fin todo tu material arroje luz sobre el mencionado
tema. El equívoco que cometen muchos jóvenes es el
de tener un número excesivo de temas en un mensaje,
y por lo tanto no se los puede definir ni explicar bien.

(2) Procura tener pocas divisiones en tu tema y que
sigan un orden lógico y consecutivo, para que tu sermón
no sea tedioso, sino fresco y atractivo.

(3) Evita un método uniforme de dividir tu tema,
y no tengas siempre el mismo número de divisiones.

Estas divisiones deben de ser distintas en cada uno de los sermones, y obtenidas del Maestro mismo, a fin de que no pierdan su frescor. Estas divisiones servirán para grabar en forma indeleble las enseñanzas del tema en la memoria de los oyentes.

PREGUNTAS DE REPASO

1. Descríbase el plan del señor Moody para recoger el material para sus sermones.

2. ¿Qué podemos aprender de los métodos del señor Moody?

3. ¿Qué hizo cierto anciano con unos diamantes que vió en la joyería de un amigo?

4. Mencione otro método provechoso de recoger material para los mensajes.

5. ¿Qué beneficios proporciona al predicador la organización conveniente de su material?

6. ¿Qué beneficios proporciona al auditorio?

7. ¿Dependerás de tus notas y de la buena disposición de tus materiales?

8. Dé tres reglas con respecto a la coordinación del material.

9. Explíquense los términos *orden lógico y consecutivo.*

10. ¿Qué es lo que se debe evitar en la coordinación del material?

Capítulo 6

LA ESTRUCTURA DEL MENSAJE

Al estudiar los sermones de Cristo y de sus apóstoles, se nota un orden maravilloso y una estructura invariable en ellos. Las divisiones del tema, que pueden darse a conocer al auditorio, deben de ser distintas y nuevas en cada sermón, como vimos en el capítulo anterior. Pero la *estructura* del mensaje, es decir, la disposición o arreglo de sus diversas partes, debe de ser uniforme e invariable en todo sermón. Esta estructura no debe darse a conocer a la congregación, sino que debe servir solamente para la dirección del predicador mismo. Todos los sermones modelados bajo la inspiración del Espíritu Santo tendrán esta misma estructura, como la tienen los citados en el Nuevo Testamento.

Las cuatro partes esenciales, que forman la *estructura* invariable del sermón, son las siguientes: (1) La introducción; (2) la presentación; (3) la aplicación; y (4) la culminación. Después de considerar estas partes en forma más detallada, pasaremos al estudio de algunos de los sermones del Señor Jesús, a fin de notar cómo aparecen esas partes en los discursos del Maestro. El predicador puede preparar cien mensajes con otros tantos temas distintos, mas la *estructura* o disposición de sus partes será la misma. El sermón contendrá estas cuatro partes esenciales. Notemos pues cuán necesaria es cada una de ellas.

(I) *La introducción.* Lo primero que necesita el predicador es establecer comunicación con su auditorio. Un discurso que se disipa en el aire de nada aprovecha. Tan sólo lo que los *impresiona* penetrará en sus corazones y los alimentará espiritualmente. Procura, por sobre todas las cosas, establecer un punto de contacto con tu auditorio. Empieza para ello con algo que saben ya, con una referencia a alguna enseñanza impartida ya, la cual sirva de base o punto de partida para la nueva enseñanza que tratas de inculcar en sus mentes.

II. *La presentación.* Se trata ésta de la historia de tu tema, con todas sus divisiones bien arregladas y coordinadas. Deben aplicarse a esta parte del sermón las instrucciones sugeridas en los capítulos IV y V de este manual.

III. *La aplicación.* Esta es probablemente la parte más importante de tu mensaje, durante la cual no solamente se señala la enseñanza espiritual de la historia, sino que se aplica a los corazones de los oyentes. Es aquí donde se nota con más claridad la diferencia que existe entre un mensaje que tiene la unción del Espíritu y el que carece de ella. Sin la unción fresca del Espíritu Santo el mensaje no tendrá valor alguno. Por bien preparado y organizado que esté, no conmoverá el corazón de los oyentes. Solamente el Espíritu Santo podrá grabar con caracteres indelebles el mensaje

en sus corazones. Mas el Espíritu quiere hacerlo por
tu intermedio. Es provechoso entonces orar hasta
que el Señor envíe la unción fresca del Espíritu Santo
para cada sermón.

"Más cuando viniere el Consolador, a quien yo
os enviaré desde el Padre, es a saber, el Espíritu de
verdad, que procede del Padre, él testificará de mí:
y vosotros también daréis testimonio, por cuanto habéis
estado conmigo desde el principio. . . . Sin embargo os
digo la verdad: Os conviene que yo me vaya: porque
si no me voy, el Consolador no vendrá a vosotros; mas
si me voy, yo os le enviaré. Y cuando él haya venido,
convencerá al mundo de pecado, y de justicia, y
de juicio: de pecado, porque no creen en mí; de justicia,
porque me voy al Padre, y no me veréis más; de juicio,
porque el príncipe de este mundo ha sido ya condena-
do." Juan 15:26, 27; 16:7-11.

IV. *La culminación.* Es aquí donde das cima a tu
mensaje, recapitulando las diversas enseñanzas de la
aplicación, y fundiéndolas en una lección especial, la
cual quieres recalcar y grabar en forma permanente
en el corazón de tus oyentes. Esta parte les ayudará
a recordar y aprovechar el mensaje. Podrán aprender la
culminación de memoria, como el texto áureo de la
lección. Si presentas bien la culminación tus oyentes
podrán recordar con facilidad todos los demás puntos
del mensaje.

PREGUNTAS DE REPASO

1. ¿Qué se observa en la estructura de los discursos
de Jesús y los apóstoles?

2. ¿Cuáles son las cuatro partes esenciales de un mensaje?

3. ¿Deben de anunciarse estas partes al auditorio?

4. ¿Qué valor tienen para el predicador?

5. ¿Qué es la *introducción?*

6. Proporcione tres razones en virtud de las cuales es bueno usarla.

7. ¿Qué significa la *presentación* del mensaje?

8. Defina la *aplicación* y diga por qué es de suma importancia.

9. ¿Para qué sirve la *culminación?*

10. ¿De qué manera ayuda a la congregación?

Capítulo 7

LA INTRODUCCION DEL MENSAJE

Se ha dicho que la "introducción es semejante al soportal de un edificio. Este parecería incompleto sin aquél." En realidad, la introducción no es solamente el soportal o porche, sino que constituye el punto de contacto entre ti y tus oyentes, y te relaciona con ellos de una manera especial e importante. Para preparar bien la introducción de tu mensaje, debes estudiar cuidadosamente a tu auditorio, y saber algo con respecto a sus circunstancias, su vida diaria, sus posibilidades, a fin de informarte con respecto a lo que les interesará más y despertará en ellos mayor atención.

1. *El Propósito de la Introducción.*

El propósito de la introducción abarca los siguientes puntos: (a) Despertar el interés y fijar la atención de los oyentes. Si no se consigue la atención y el interés del oyente, el mensaje será inútil. Equivaldrá a derramar líquido sobre recipientes cerrados. (b) Relacionar el mensaje con algún conocimiento que posee el auditorio. Esta es una de las reglas fundamentales para impartir instrucción. (c) Preparar el camino para la presentación del mensaje que seguirá.

2. *Las Fuentes de la Introducción.*

(a) *Mensajes anteriores.* Tanto en la escuela dominical como en cualquier curso de estudios es bueno comenzar la clase con un repaso de la lección anterior. No tengas temor de repetir tus enseñanzas. Cuanto más enseño la Palabra de Dios, más me convenzo cuán poco del mensaje entiende el oyente medio. La repetición es muy necesaria para grabar bien las enseñanzas en la memoria de los estudiantes.

(b) *Las circunstancias en que se halla el oyente y su vida en general.* Procura situarte en el lugar de tu auditorio, especialmente cuando hablas con personas que pertenecen a un grupo especial, como los recluídos en la cárcel, los internados de un hospital, una reunión de madres, un grupo de señoritas, una clase de colegiales o cualquier otro grupo semejante. Procura que tu introducción les recuerde algo que conocen ya, y tendrás así un punto de partida para la nueva enseñanza que deseas impartir. No olvides que la introducción es el punto principal de *contacto* con tu auditorio. "Así que a los judíos me hacía como judío, para ganar a los judíos; a los que están bajo la ley, como bajo la ley (no estando yo mismo bajo la ley), para ganar a los que están bajo la ley; a los que están sin ley, como sin ley, (no estando sin ley para con Dios, sino bajo la ley de Cristo), para ganar a los que están sin ley. A los débiles me hice como débil, para ganar a los débiles: me hacía todo para con todos, para que de todos modos yo salve a algunos." 1 Corintios 9:20-22.

(c) *Fechas apropiadas,* como la Pascua, la Navidad, el día de Pentecostés, el Año Nuevo y días especiales, como los de casamientos, bautismos, funerales y otros. Durante estas fechas o días especiales asiste a la iglesia gente que no tiene por costumbre hacerlo. ¡Qué oportunidad más hermosa se presenta para establecer amistad con esa gente y llevarla a los pies del Señor!

(d) *Acontecimientos de carácter nacional,* como guerras, elecciones, terremotos, tempestades, naufragios y otros. Muchas veces es muy provechoso comenzar el sermón citando algún tema de actualidad, el cual está en boca de todos, a fin de interesarles en las lecciones que Dios quiere enseñar por medio de los acontecimientos divinamente determinados. Los sucesos de carácter político nunca deben constituir tu tema, sino que deben emplearse solamente para la introducción. El predicador debe constituirse en el intérprete de Dios ante el pueblo, dando a conocer y explicando lo que el Señor quiere comunicar a su pueblo por medio de los sucesos que se registran en el mundo.

3. *Las Buenas Cualidades de la Introducción.*

Debe procurarse que la introducción sea: (a) *Breve.* No procures abarcar todo tu mensaje en ella. Cuando Jesús iba a enseñar la parábola del sembrador, empleó una introducción corta, que constaba de tres palabras, a saber: "Escuchad, he aquí." (Marcos 4:3) Con la primera palabra hizo que sus oyentes prestaran atención y con la segunda, que quiere decir *mirad,* es probable que les hiciera fijar los ojos en un hombre que quizá sembraba a la orilla del lago. Nosotros no tenemos la capacidad de ejercer tanta influencia con tres palabras. Mas debemos aprender del Maestro mismo y hacer la introducción corta, para dar lugar al mensaje que sigue.

(b) *Directa.* Es de mucha importancia que tu introducción consiga su objetivo. No debe incluirse en ella material que no sea necesario; solamente el que se precisa para despertar el interés, fijar la atención y relacionar tu mensaje con algo ya aprendido o conocido por tus oyentes.

(c) *Sencilla.* Habla con palabras adecuadas a la cultura y conocimientos de tu auditorio, de manera que te entiendan con facilidad. Los predicadores más instruídos son los que emplean el lenguaje más sencillo. Háblales con palabras fáciles, comprensibles y por sobre todas las cosas, busca la unción nueva y fresca del Espíritu Santo para cada mensaje. El poder y la dirección que el Espíritu Santo ejercerá sobre todo tu ser impedirá que digas algo inconveniente o que sirva solamente para entretener y hacer reír a tu auditorio. Los predicadores que han perdido la unción del Espíritu hacen a veces tales cosas en sustitución del poder del Espíritu. ¡Que Dios no permita jamás que algo semejante le ocurra a un obrero pentecostal!

(d) *Lógica, y debe estar bien relacionada con el mensaje que sigue.* Tu mensaje no debe contradecirse, ni debe desarrollarse con precipitación. Debe existir trabazón y sucesión lógica en todas sus partes.

PREGUNTAS DE REPASO

1. ¿Para qué sirve la *introducción* del mensaje?

2. Proporcione ilustraciones tomadas de la naturaleza, para demostrar la importancia que tiene el relacionar las instrucciones.

3. ¿Cuáles son las fuentes de la *introducción?*

4. ¿Para qué sirve la repetición de la enseñanza?

5. ¿Cómo debemos tratar con personas que pertenecen a un mismo grupo especial?

6. ¿Qué valor tienen en la predicación los acontecimientos de carácter histórico y los accidentes geográficos?

7. ¿Es bueno emplear como tema acontecimientos de carácter nacional?

8. ¿Cuáles deben de ser las buenas cualidades de la *introducción?*

9. ¿Por qué es de tanta importancia estudiar con esmero la vida y mentalidad de tus oyentes?

10. ¿Cuáles son las cosas que debemos evitar, especialmente en la *introducción?*

Capítulo 8

LA PRESENTACION DEL TEMA

La *presentación* constituye la parte principal del mensaje, durante la cual el tema es presentado y explicado. Existen dos clases de mensajes, los cuales requieren presentaciones distintas, a saber: (a) Los mensajes textuales, o sea los que se fundan en un solo texto, y (b) los mensajes expositivos y las lecturas bíblicas. Los dos incluídos en "b" no son una misma cosa, sino distintos, mas desde el punto de vista de la presentación, podemos ponerlos en una misma clase y presentarlos de una manera semejante.

(a) *La presentación de un solo texto*. Las sugerencias proporcionadas en los capítulos III, IV y V deben de ser repasadas con mucha atención. Después de haber meditado con mucha oración sobre tu texto, y de haber decidido cuál es tu tema principal, procede a la preparación de tu mensaje. La presentación y exposición del tema debe ser clara y muy sencilla. Por una parte procura que no tenga muchas divisiones y subdivisiones, pero al mismo tiempo no omitas nada que sea necesario para la presentación de tu tema. Hay divergencias de opinión entre los predicadores en lo que respecta al anuncio de antemano al auditorio de las divisiones del tema. Algunos dicen que es bueno hacerlo y así despertar el interés, mientras que otros lo niegan, manifestando que los oyentes pierden el interés y su expectativa disminuye cuando se les anuncia las divisiones del tema. En todo caso es bueno que dividas tu tema para tu propia dirección, y evitar así el omitir alguna enseñanza de importancia, contenida en el texto.

Podemos aquí mencionar tres reglas sencillas para el arreglo de tu tema, a saber:

(1) *Proclama tu tema.* Hazlo con confianza y con valor, sin temor a nadie. Cristo nos ordenó predicar el evangelio, diciendo: "Id, pues, y haced discípulos entre todas las naciones . . . enseñándoles que guarden todas las cosas que os he mandado." Mateo 28:19, 20. Proclama, pues, el mensaje con claridad, valor y palabras apropiadas que tengan la virtud de despertar y mantener el interés de tu auditorio.

(2) *Demuestra tu tema.* Ten cuidado de no emplear razonamientos forzados ni pruebas traídas de los cabellos. Emplea pruebas e ilustraciones sencillas y fácilmente entendidas por tus oyentes. Por sobre todas las cosas, puedes declarar lo que Cristo ha hecho para ti. A la vez, puedes animar a tu auditorio que recurra a Jesús y lo ponga a prueba por sí mismo.

(3) *Explica tu tema.* Hazlo de una manera breve, clara y vigorosa. Acuérdate de los niños en la fe y de aquéllos de poca inteligencia. Divide el Pan de la Vida en trozos pequeños, a fin de que todos lo puedan aprovechar.

(b) *Presentación de los mensajes expositivos y*

lecturas bíblicas. La diferencia entre este tipo de mensajes y el mencionado en la sección "a" reside en el hecho de que en los mensajes expositivos y lecturas bíblicas no solamente tienes un texto, sino mucho material para presentar. En el caso de los mensajes expositivos, tienes a tu disposición, mediante el uso de la *concordancia, la enseñanza* de toda la Biblia con respecto a un tema especial. Esta clase de mensaje es más fácil para presentar, pero más difícil de resumir. En capítulos siguientes estudiaremos algunos de los discursos de nuestro Señor Jesucristo, y comprobaremos que todos ellos constan de las cuatro partes que hemos explicado, a saber: *Introducción, presentación, aplicación y culminación.*

Notemos por ejemplo, la forma cómo el Señor Jesús comienza la parábola del sembrador: "Oíd, he aquí." En el capítulo anterior hemos estudiado ya cuán breve y directa es esta introducción. Luego Jesús hace la *presentación,* la cual consistía en contar la historia de la parábola. Tú puedes hacer lo mismo con todos tus sermones, sobre cualquier tema. Expón primero tu tema en forma sencilla y clara antes de procurar aplicarlo a tu auditorio. Es de suma importancia que se grabe en la memoria de tu auditorio. La presentación debe ser siempre: (a) *Clara.* Procura entender bien tu tema, meditar en él hasta que se grabe indeleblemente en tu corazón. Si tú mismo no comprendes con claridad el mensaje, tu exposición será nebulosa y tu auditorio no recibirá una imagen nítida y completa de lo que tú has dicho. Por lo tanto, presenta tu mensaje con palabras sencillas y claras.

(b) *Gráfica*. Presenta tu tema en forma vívida, a fin de que la historia sea real para tu auditorio. El Espíritu Santo te ayudará a presentar tu tema, parábola o acontecimiento con tanta animación, que la enseñanza se grabará con caracteres imborrables en la mente del auditorio. Jamás olvidaré la forma gráfica empleada por un predicador anciano para presentar la historia del amigo que llegó a medianoche. Hace mucho que oí la historia, sin embargo toda vez que la leo acude a mi mente la figura del anciano golpeando enérgicamente en su tribuna, y recuerdo lo que era la importunidad.

(c) *Completa*. No omitas nada de lo que sea necesario para presentar tu historia con fidelidad y claridad. Será aquí muy valiosa para ti la preparación de antemano, cuando tú mismo, mediante la oración y la meditación, habrás grabado la historia en tu propia mente. Luego podrás fijarla por intermedio del Espíritu Santo, en la mente de tu auditorio. Es importante recordar que deben omitirse los detalles que no son necesarios, a fin de acortar el discurso y dejar el tiempo suficiente para la aplicación que seguirá. Un sermón demasiado largo es peor que un sermón demasiado corto.

PREGUNTAS DE REPASO

1. ¿Qué es lo que constituye la *presentación* del mensaje?
2. Desde el punto de vista de la *presentación*, ¿en cuántas clases puede dividirse el sermón? ¿Cómo se denominan esas clases?

3. ¿De qué manera debemos de preparar la *presentación* de un mensaje textual?

4. Menciónense tres reglas sencillas para el arreglo del tema.

5. ¿En qué casos necesitas de manera especial el valor, la paciencia y la inteligencia?

6. ¿En qué consiste la *presentación* de un sermón expositivo?

7. ¿Qué cualidades debe reunir la *presentación?*

8. ¿De qué manera presentó Jesús la parábola del sembrador?

9. ¿Qué provecho tiene una presentación gráfica y vívida?

10. ¿Qué debemos evitar cuando tratamos de presentar el tema en forma completa?

Capítulo 9

LA APLICACION DEL TEMA

Repasa aquí lo que se mencionó en el capítulo VI y, busca la unción del Espíritu Santo para estudiar esta parte del mensaje, que es de suma importancia. El señor Spurgeon, famoso predicador inglés, solía decir lo siguiente: "Cuando comienza la aplicación, es entonces cuando comienza el sermón." Por su parte Daniel Webster afirmaba: "Cuando alguno me predica, quisiera que lo hiciera un asunto exclusivamente personal."

Para esta parte del mensaje, es necesario estudiar bien al auditorio. Un pescador no emplea la misma carnada para todos los peces, sino que estudia los hábitos y los gustos de cada una de las especies. La aplicación debe ser: (a) *Personal*. Debes colocarte en el lugar de tus oyentes, procurando comprender lo que el mensaje debe hacer por ellos. (b) *Persuasiva*. No puedes obligar a los hombres a que acudan a Cristo, sino que debes atraerlos. "Con cuerdas humanas los traje a mí, con vínculos de amor; y era para con ellos como los que alzan el yugo de sobre su quijada, y puse el alimento delante de ellos." Oseas 11:4. (c) *Directa*. No temas al hombre, sino que bajo la unción del Espíritu Santo anuncia con valor e intrepidez, en forma exacta, las verdades que se desprenden de tu texto,

suplicando a tus oidores que acudan a Jesús. Como
ejemplo de aplicación directa, véase la declaración
intrépida del profeta Natán a David: "Tú eres aquel
hombre." 2 Samuel 12:7. (d) *Piadosa*. El momento
más solemne de tu vida es cuando aplicas el mensaje
a tu auditorio. Debes elevar tu corazón en oración
ferviente, para que el Espíritu te conceda cada palabra,
y confirme el mensaje dando convicción de pecado
en el corazón de los oyentes. No puedes preparar de
antemano las palabras exactas de tu aplicación, pero
sí puedes prepararte a ti mismo, quedando rendido
y humilde en las manos del Maestro, para que él hable
por intermedio de tus labios.

LA CULMINACION

Esta es la parte más difícil de tu mensaje, y necesitas mucha práctica para hacerla bien. No te desanimes,
por lo tanto, si no logras resumir de inmediato las
enseñanzas en unas pocas frases al fin de tu sermón.
Sin embargo, se trata de una parte muy importante,
porque no solamente sirve de resumen al mensaje, sino
que también recalca el *punto principal* de tus enseñanzas. Podemos proporcionar como ejemplo la parábola del sembrador, a la cual nos hemos referido ya.
El Señor Jesús dió la aplicación al interpretar las diversas clases de terreno, señalando las clases diversas de corazones. Luego el orador hace el resumen, o
abarca la culminación en la oración que dice: "Mirad,
pues, cómo oís." Lucas 8:18.

Los oradores griegos atribuían gran importancia
a la culminación de un discurso, a la cual denominaban

"el esfuerzo final, del cual depende el resultado de la lucha." Cuídate de no anular el efecto de tu aplicación mediante una culminación demasiado larga o difusa. Debe ser una prolongación natural de la aplicación, y debe siempre coadyuvar—nunca impedir—a que la verdad se grabe profundamente en el corazón del auditorio.

Para ilustrar la relación existente entre la aplicación y la culminación, imaginemos a Pablo predicando sobre el tema de la superioridad infinita del cristianismo sobre el judaísmo, según el mensaje de la epístola a los Hebreos. Quizá diga en su *aplicación*: "Hermanos, ¿acaso necesitáis de un gran sumo sacerdote? Helo aquí, Jesucristo el Salvador. ¿Necesitáis un sacrificio adecuado para expiar todos vuestros pecados? Helo aquí. ¿Buscáis un lugar de culto, donde podáis allegaros a Dios en todo momento, sin el velo de separación? Acudid a Cristo ahora mismo, con plena certidumbre de fe, bajo la protección de su sangre expiatoria. ¿Quisierais tener consuelo, guía y gracia para ayudaros en cualquier momento de necesidad? Venid al trono de la gracia y lo recibiréis todo." Y luego, quizá exprese en su *culminación* lo siguiente: "Lo principal empero, de todo lo que os he dicho, se resume en la siguiente declaración: RECIBID A JESUS EN VUESTROS CORAZONES. El Señor Jesús abastecerá todas vuestras necesidades, tanto para el alma como para el cuerpo, para el presente y para la eternidad."

PREGUNTAS DE REPASO

1. ¿En qué consiste la *aplicación del* mensaje?
2. ¿Qué debemos estudiar para hacerla bien?
3. ¿Cuáles deben de ser sus cualidades?
4. ¿Por qué es de tanta importancia hacer persuasiva la aplicación?
5. Dése una ilustración con respecto a una *aplicación* directa.
6. ¿En qué consiste la *culminación* del mensaje?
7. ¿De qué manera debe relacionarse con la aplicación?
8. ¿Qué decían los oradores griegos con respecto a la *culminación* de un discurso?
9. ¿Cómo podríamos imaginar la *aplicación* de un sermón de Pablo a los hebreos?
10. ¿Cómo era quizá su *culminación?*

Capítulo 10

SERMONES EXPOSITIVOS
Y LECTURAS BIBLICAS

Hemos estudiado ya los sermones textuales y los mensajes temáticos, los cuales se refieren a algún asunto especial o tema sugerido por el texto. El mensaje expositivo es distinto de estos dos tipos de predicación por el hecho de que explica un pasaje entero y no un solo versículo. El método expositivo tiene tres ventajas especiales, a saber: (1) Es el método bíblico; (2) requiere un predicador y un auditorio que amen la Palabra de Dios; (3) da oportunidad de relatar y explicar más verdades distintas en un mismo mensaje.

Existen tres peligros en lo que respecta a esta forma de predicación, contra los cuales el obrero debe estar prevenido, a saber: (1) *La monotonía,* especialmente si el predicador proporciona una larga serie o ciclo de exposiciones de un solo libro. Mas no es necesario seguir siempre por largo tiempo el estudio de un libro, sino que se pueden dar mensajes expositivos de libros distintos, y así evitar el peligro. (2) *La negligencia* del predicador, en lo que respecta a la preparación de su mensaje. Es muy fácil leer un capítulo entero y hacer solamente observaciones breves, por no haberlo estudiado con esmero, meditación y oración ferviente. Guárdate bien de ese peligro, y ruega a Dios siempre que tu mensaje abarque todas las verdades sugeridas por el pasaje, y de expresar lo que el Espíritu Santo quiere manifestar a tu auditorio. (3) *Dificultad*, en lo que respecta al oyente, para recordar el pasaje especialmente si éste es excesivamente largo. Por lo general este método de predicar no es tan apropiado para los incrédulos como los sermones textuales, que pueden ser cortos, directos y por lo tanto se pueden grabar fácilmente en la memoria. Por otra parte, los sermones expositivos son incomparables para enseñar a los santos y edificarlos en la fe.

Sugerencias para los Mensajes Expositivos

(1) Escoge una porción de la Biblia que contenga algún tema de preeminencia, a fin de que puedas resumirlo bien en la culminación y de esta manera grabarlo con más nitidez en la memoria de tus oyentes. (2) Escoge pasajes de distintas partes de la Biblia más bien que una serie extensa de un solo libro. Así preservarás el justo equilibrio, tan necesario para tus enseñanzas. (3) Estudia el pasaje con mucha oración, y haz la presentación tan clara y tan sencilla como te sea posible. (4) Nunca dejes de hacer la aplicación de todas las verdades mencionadas, adaptando tus enseñanzas a la vida diaria de tu auditorio. Con este método de predicación existe la tendencia de hacer el mensaje puramente teórico, es decir, sin la aplicación práctica que debe existir en el mensaje.

Las Lecturas Bíblicas

La diferencia que existe entre un sermón textual y una

lectura bíblica reside en el hecho de que mientras que
aquél se ocupa de un solo verso, éste constituye un
estudio comparativo de muchos versículos que se refieren al mismo asunto. Por ejemplo, si escoges algún
tema como la fe, la esperanza, el amor, el bautismo
o la segunda venida de Cristo y comparas las enseñanzas que los distintos libros de la Biblia proporcionan
sobre el mencionado tema, tendrás una lectura bíblica.
Esta forma de predicación es valiosísima para la edificación de los cristianos, familiarizándolos con la
Biblia.

Las ventajas de la lectura bíblica son de suma importancia, en primer lugar *para el predicador*. (a) Es un
método más fácil que los demás, y muy bueno para el
obrero nuevo o joven. (b) Lo satura de versículos
bíblicos y de las enseñanzas de Cristo. (c) Lo protege
de los errores doctrinales y le proporciona un conocimiento bíblico equilibrado. En segundo lugar, la lectura bíblica proporciona ventajas *para el auditorio*.
Es lamentable que la mayor parte de los mensajes en
la actualidad carezcan en gran parte de instrucción
bíblica, por cuya falta muchos creyentes se han apar-
tado de la senda de paz y han caído en errores terribles.
El auditorio que escucha con frecuencia las lecturas
bíblicas recibirá una instrucción adecuada en las Sagradas Escrituras y no caerá con tanta facilidad en los
lazos de Satanás.

Forma de preparación de la lectura bíblica. Escoge
el tema de tu lectura bíblica con mucha oración, a
fin de que el Espíritu Santo te dirija, pues él sabe cuál
es la lección o la enseñanza especial que tu congregación necesita más. Estudia lo que la Biblia toda enseña

al respecto, recogiendo todas las referencias por medio de una concordancia. Luego haz una selección esmerada de los versículos que vas a leer. No deben ser muy numerosos, y deben ser dados a conocer mediante un orden lógico, para explicar y aclarar bien el tema. No omitas la explicación de ciertas enseñanzas simplemente porque sean difíciles, ni dejes de proporcionar ilustraciones y ejemplos. Los que se encuentran en la Biblia misma son los mejores de todos. "Las cuales cosas también hablamos, no con palabras que enseña la sabiduría humana, sino que enseña el Espíritu Santo, explicando cosas espirituales con palabras espirituales." 1 Corintios 2:13.

Evita emplear siempre el mismo método de predicación. Alterna las lecturas bíblicas con los sermones expositivos y los sermones textuales. Si proporcionaras *siempre* el mismo método de predicación, equivaldría a dar a los niños la misma comida todos los días. Sabemos cuán importante es para la salud una dieta bien equilibrada. Lo más necesario es obtener la dirección del Espíritu Santo para cada uno de los mensajes. De esta manera tu congregación recibirá alimentos abundantes y nutritivos, de acuerdo a la santa voluntad del Señor.

PREGUNTAS DE REPASO

1. ¿Qué es un mensaje *expositivo?*
2. ¿Cuáles son sus ventajas especiales?
3. ¿Cuáles son sus peligros?
4. ¿De qué manera podemos evitar esos peligros?

5. Proporcione cuatro reglas de importancia para la preparación de los *mensajes expositivos*.

6. Compárese esta forma de predicación con los *sermones textuales*.

7. ¿Cuál método se adapta más para los incrédulos, y cuál para los creyentes?

8. ¿Qué es una *lectura bíblica?*

9. Establezca una distinción entre una *lectura bíblica* y un *sermón textual,* y entre una *lectura bíblica* y un *mensaje expositivo*.

10. ¿Cuáles son las ventajas de la *lectura bíblica?*

11. Haga una descripción con respecto a su forma de preparación.

12. ¿Por qué es necesaria la variedad en la predicación?

Capítulo 11

EL EMPLEO DE LAS ILUSTRACIONES

La palabra *ilustración* procede del latín y significa. entre otras cosas, iluminar o aclarar. En un sermón una ilustración puede ser una comparación, un contraste, un símbolo o un cuento que sirve para aclarar el sentido, o para arrojar más luz sobre lo que se expresa. Las buenas ilustraciones deben de acompañar siempre la predicación del evangelio, porque todo discípulo de Cristo debe seguir el ejemplo de su Maestro, quien empleaba ilustraciones en todos sus discursos. Por medio de las ilustraciones expresamos en forma *concreta* o práctica las doctrinas que predicamos. Lo concreto se retiene con más facilidad en la memoria que lo teórico o abstracto.

No debes de pensar nunca que solamente las anécdotas se pueden emplear como ilustraciones. Es posible emplear anécdotas, pero a veces son demasiado extensas y privan al mensajero del tiempo que necesita para proclamar la Palabra de Dios. Es importante, por lo tanto, emplear los cuentos y las anécdotas con cuidado y nunca excesivamente, a fin de no malgastar tiempo valioso. Las ilustraciones sencillas, apropiadas y expresivas deben de emplearse con frecuencia para aclarar las verdades que se predican.

Siempre me acuerdo de la vez que un evangelista consagrado empleó una anécdota para ilustrar el amor perfecto, en virtud del cual no se busca siempre lo más fácil para el ser amado, sino *lo mejor*. Cierta madre tenía una hija a quien amaba mucho. La niña tuvo la desgracia de quebrarse el brazo derecho. Sanó bien, mas como le doliera mover el brazo, la madre le dijo: "Hijita, no muevas el brazo si te duele; yo haré todo el trabajo y te serviré." Con el tiempo, la niña perdió el uso del brazo derecho, atrofiado por la inactividad. El amor que aquella madre sentía por su hija era un amor equivocado.

Una historieta semejante puede ser muy efectiva para ilustrar una verdad, mas debe emplearse siempre con cuidado. Las anécdotas que se emplean en la predicación deben de ser cortas, directas y absolutamente verídicas en todos sus detalles. Es muy fácil caer en la costumbre de exagerar o añadir detalles a un cuento, especialmente cuando se repite muchas veces con el transcurrir de los años. Nunca lo hagas, sino que debes pedir al Espíritu de verdad que te ayude a *predicar con veracidad y corrección*.

Se denomina ilustración toda frase, vocablo, símbolo o comparación que arroje luz sobre tu tema. Es muy provechoso leer los cuatro evangelios con el fin de notar las ilustraciones empleadas por el Maestro por excelencia. Toma un lápiz y coloca una marca en el margen de la página toda vez que encuentres una ilustración empleada por el Señor Jesús. Te admirarás de ver cuántas son. Notarás asimismo que dichas ilustraciones son cortas, sencillas, fáciles de retener en la memoria y aptas para aclarar las verdades eternas e infinitas que el Señor les enseñaba. Procura imitar a Jesús en todos estos puntos, empleando las ilustraciones tal como él las usaba, es decir, como instrumentos que arrojan luz sobre lo que tú dices, a fin de que sea fácilmente comprendido por el auditorio.

Meditemos por unos instantes en el poder convincente de las parábolas de Jesús. Constituyen algo más que una simple ilustración, pues son revelaciones de las verdades espirituales, presentadas con palabras sencillas y mediante símbolos de fácil comprensión. Por ejemplo, en la parábola del fariseo y del publicano se nos revela hasta dónde Dios aborrece el orgullo y de cuán necesario es humillarse ante el Señor para obtener la gracia y la salvación. Con sencillez y pocas palabras Jesús pinta un cuadro de lo que es el orgullo y también la humildad a la vista de Dios. Al mismo tiempo, enseña el único método de justificación, es decir, ocupar el lugar del pecador perdido y entregarse sin reservas a la misericordia de Dios. La parábola es una revelación que ilumina una enseñanza de carácter espiritual. Esta cualidad se ve con mucha claridad en otras parábolas del Señor Jesús como la parábola del hijo pródigo, del buen samaritano, de los dos deudores, del siervo despiadado, del sembrador y otras.

"La naturaleza toda nos habla del Señor. El reino mineral revela la estabilidad del Señor, la Roca de nuestra salvación, y el fundamento de nuestra esperanza.

El reino vegetal expresa su hermosura, porque el Señor es la Rosa de Sarón y el Lirio de los valles. El reino animal nos revela la paciencia del Señor, su poder, inocencia y sacrificio. En efecto es el León de la tribu de Judá, y el Cordero de Dios que quita el pecado del mundo. El sol declara la gloria del Señor porque es el Sol de justicia, y las estrellas manifiestan su resplandor, porque es la Estrella resplandeciente y de la mañana. El propósito supremo de la creación toda es la glorificación del Hijo de Dios e Hijo del hombre, por intermedio de quien todas las cosas fueron creadas."—MacMillan.

Para todo aquél que vaya a trabajar como misionero entre las tribus paganas, o en los países orientales, el uso de las ilustraciones será de valor indecible. Los orientales piensan, razonan y hablan en forma más gráfica que los occidentales. Una ilustración les interesa y les ayuda más, y por lo tanto, es más poderosa.

Cierto anciano misionero predicaba en una calle de la India, cuando un incrédulo lo interrumpió, manifestando que el cristianismo era un sistema falso de enseñanzas porque nadie lo creía. Afirmaba el incrédulo que si el cristianismo fuera verdad, todos lo habrían aceptado. El misionero no perdió el tiempo discutiendo, sino que le respondió con un refrán, muy popular en la India, cuyo equivalente en castellano sería el siguiente: "El sol no puede derretir las piedras." Al oír esto los oyentes dieron la espalda al escéptico, y comenzaron a escuchar de nuevo al misionero, convencidos de que el sol no era responsable por la dureza de las piedras. De la misma manera la dureza del corazón del hombre no prueba nada contra el evangelio.

Por esta historia vemos cuán importante es aprender

el idioma, los refranes y las costumbres del país donde trabajamos, para poder hablar el idioma que la gente pueda comprender y retener en la memoria. Nunca hagas uso de la discusión o la contienda, sino que con paciencia infinita proclama tu mensaje, usando testimonios verídicos e ilustraciones sencillas para aclarar el sentido de la Palabra predicada.

Los habitantes del Indostán tienen un refrán que dice que una mujer hermosa con corazón malo es como copa de oro llena de veneno. ¡Qué buena ilustración para explicar la necesidad del hombre de nacer de nuevo, en el sentido espiritual de la Palabra, y recibir un nuevo corazón! Otra ilustración que me ha sido de mucha utilidad para explicar el evangelio a los hombres de campo de pocas letras es la siguiente: Al encontrarme con un hombre en el campo le pregunto a dónde va. "A Benares," me contesta, señalando el sur. Le explico a continuación que toda su vida constituye un viaje y que las acciones, las palabras y los pensamientos de su vida constituyen los pasos de ese viaje. Le digo que el viaje de la vida le conducirá al cielo o al infierno, los dos únicos puntos terminales de la jornada. Después de explicarle con respecto al cielo y al infierno, y de haber oído de sus labios que quiere ir a aquél, le pregunto señalando el norte: "Si tomo ese camino, ¿llegaré a Benares?" Me responde que *nunca* y me explica que yo tendría entonces que volverme y andar en dirección opuesta.

Su explicación me proporciona la oportunidad de enseñarle qué es *el arrepentimiento*: es dar una vuelta completa, "virar en redondo," volviendo las espaldas al pecado y nuestro rostro hacia Dios. Le explico que por naturaleza toda la humanidad marcha por el camino cuyo término es el infierno y que Jesús es el único Salvador, quien nos ha dicho lo siguiente: "Yo soy el camino y la verdad, y la vida: nadie viene al Padre, sino por mí." Le explico asimismo cómo hay que creer en Jesús y confiar en él, y ser salvo por la fe. Esta ilustración se grabará en la mente del hombre, por corto que sea de entendimiento. Mediante la aplicación del Espíritu Santo esta ilustración ha sido el medio de salvación de muchos. Debes estudiar la mentalidad y las características y ocupaciones de tu auditorio, tanto para la predicación como para el trabajo personal, y procura siempre aclarar tus mensajes mediante ilustraciones que por su familiaridad les interese.

Nótese la siguiente característica de la predicación de Jesús: *observación.* Se dice que el Señor observaba cómo los convidados escogían los primeros asientos, (Lucas 14:7). El Señor se sentó cerca del arca de las ofrendas, observando cómo la gente echaba sus ofrendas y durante todo su ministerio estuvo siempre observando al pueblo. Observaba sus costumbres al acostarse y levantarse y tomaba nota de su forma de vestir, cómo compraban y vendían, cómo criaban a sus familias, cómo se comportaban en los cultos, cómo hablaban los unos con los otros y cómo oraban a Dios. De esta manera él recogía las ilustraciones para sus discursos, y empleaba todos los pormenores de la vida diaria de sus oídores para enseñarles lecciones espirituales. Empleó como ilustración los lirios, los cuervos, la sal, una lámpara, un velador, un almud, un hipócrita de rostro demudado, un mosquito, un camello, la polilla, puertas amplias y puertas estrechas, la levadura, el pan, un grano de mostaza, una perla, una red, un pescador, un sembrador, deudores y acreedores y otras ilustraciones.

Mientras estudias los métodos del Maestro por excelencia, procura adquirir la costumbre de observar. El Espíritu Santo te enseñará a percibir las verdades espirituales y eternas simbolizadas en los quehaceres de la vida diaria, como el moler la harina, el sembrar y segar, el cuidar de las flores, la marcha de los navíos, los colores del cielo y aun la caída a tierra de la más insignificante avecilla. No busques tus ilustraciones tan sólo en los libros, sino en el mundo de tu alrededor, habitado por hombres, mujeres y niños. Los libros pueden suministrarte ilustraciones con respecto a la historia del pasado, y aclarar las verdades que Dios quiere grabar en el corazón de los hombres.

Hace unos treinta años celebramos reuniones de avivamiento entre un grupo de creyentes en el norte de la India. Dios derramaba su Espíritu con mucho poder, humillándonos ante su santa presencia, aunque fué muchos años antes de que se oyera de la lluvia tardía en los países occidentales. El predicador era un joven indostano a quien Dios empleaba en forma maravillosa. Los servicios religiosos continuaban por largas horas, y a veces todo el día hasta la media noche. La gente confesaba sus pecados y oraba con ferviente intercesión por la salvación de otras almas.

Una tarde nos hallábamos todos orando de rodillas

en la presencia de Dios. Los hombres ocupaban un lado
de la capilla y las mujeres el otro. Cubría el rostro
de éstas un velo de tela delgada de algodón.   Al ano-
checer, uno de los misioneros trajo las lámparas a
petróleo que debían ser colgadas en las paredes
Puesto que todos estaban hincados en el piso,
tuvo que subir a los bancos para llegar a la pared.
Una de las bancas del lado de las mujeres se que-
bró bajo su peso, y el misionero se precipitó así
con la lámpara encendida sobre ellas.   El petróleo
corrió rápidamente por el piso cubierto de una estera,
la cual fué presa de las llamas.

El Señor intervino entonces haciendo un milagro
maravilloso. Nos pusimos rápidamente de pie, sacamos
fuera el pequeño órgano, apagamos el fuego y poco después estábamos sentados de nuevo en la capilla, glori-
ficando y alabando a nuestro Dios, que ni el cabello
se nos había chamuscado. Y ¡cómo aprovechó entonces
la oportunidad el joven predicador! Era evidente que el
diablo había procurado destruirnos quemando la capilla
de techo de paja con el objeto de poner fin al avivamiento.

Después de hacer referencia a los planes del enemigo
y de cómo habían sido desbaratados por Dios, el
joven predicador dijo: "Hermanos, Dios nos ha pro-
porcionado aquí una ilustración de lo que quiere hacer
con el poder de su Espíritu en nuestras vidas. Mientras
la llama estaba confinada en el tubo ¡cuán pequeña
era! Mas cuando tanto la lámpara como el tubo se
rompieron, la pequeña llama se convirtió en hoguera,
capaz de incendiar la ciudad. Por lo tanto, hermanos,

permitid que el Espíritu os quebrante, a fin de que el fuego se esparza por doquier."

El predicador no solamente debe estar preparado para recibir las lecciones espirituales que quiere Dios enseñarle por intermedio de los acontecimientos, sino que debe asimismo estudiar la naturaleza misma bajo la dirección del Espíritu Santo. Hay algo que aprender en todo lugar: en la ciudad bulliciosa, en el campo, a orillas del mar, en las montañas y en los valles. Jesús se fijaba siempre en la naturaleza. Hablaba de los lobos, las ovejas, las cabras, los camellos, los insectos y las aves. Extraía lecciones de la vid, de la parra, de los árboles, de las legumbres, de los granos, de las semillas, del trigo, de la cizaña y de los lirios. Empleaba las perlas, el oro y la sal para demostrar verdades eternas. Derivaba de esta manera sus lecciones de los tres reinos de la naturaleza, a saber: el animal, el vegetal y el mineral.

En sus discursos, el Señor Jesús se refería a escenas de la vida familiar: el vestir ropa, colocar dinero en el banco, casarse, moler trigo y hacer pan en el horno. Hacía referencia asimismo a las costumbres religiosas: el ayunar, orar, dar los diezmos y adorar en el templo o en la sinagoga. Con respecto a la anatomía y fisiología, el Señor Jesús nos habló de la vida, de la sangre, los labios, el corazón, los ojos, orejas, el cuerpo y las manos. En cuanto a la astronomía, se refería a las señales de los cielos, a la luna, las estrellas erráticas, a los astros y al aspecto que presenta el cielo por la mañana y por la tarde. El Señor Jesús se refería a las rocas, a las montañas, a los pedregales, a la edi-

ficación de casas, a la colocación de los cimientos, al
barrido y adorno de los edificios, a las características
de los niños y a sus juegos. Para el estudiante reve-
rente, no existe un solo día o acto que no pueda ser
empleado para enseñar lecciones espirituales. Que Dios
nos ayude a vivir inspirados por el Espíritu Santo y
a derivar nuestras ilustraciones de las cosas familiares
de nuestros oyentes, para que nuestra predicación les
sea de provecho diario.

PREGUNTAS DE REPASO

1. ¿Qué se entiende por *ilustración,* y qué provecho
   tiene?

2. Explíquese la diferencia entre una *ilustración* y una
   anécdota.

3. ¿De qué manera se deben emplear las *anécdotas*
   en un sermón?

4. ¿Qué métodos empleaba el Señor Jesús en lo que
   respecta a las *ilustraciones?*

5. ¿De dónde las obtenía?

6. ¿Qué cualidades tenían las *ilustraciones* que el
   Señor empleaba?

7. Cítense como ejemplo diez *ilustraciones* de la predicación del Señor.

8. ¿Para qué servían sus *parábolas?*

9. ¿Qué provecho especial tenían las *ilustraciones*
   para los pueblos orientales?

10. ¿Es bueno discutir con alguien que se nos opone?
    si no, ¿qué debe hacerse?

Apéndice

BOSQUEJO DE ALGUNOS MENSAJES DE JESUS

1. *La parábola del sembrador.* Marcos 4:1-25.

I. Introducción. "¡Escuchad! ¡Mirad!" Versículo 3.

II. Presentación. La historia del sembrador. Versículos 3-8.

III. Aplicación. La interpretación de la parábola. Versículos 10-20.

IV. Culminación. La luz del evangelio debe de ser esparcida de la misma manera que se siembra la semilla. Lo que realmente importa es la forma cómo el hombre recibe el evangelio. Prestemos atención a lo que oímos, adoptemos una actitud correcta en lo que respecta a lo que oímos. En otras palabras, hagamos uso debido del sentido del oído. Marcos 9:21-25; Lucas 8:18.

2. *La Conversación con Nicodemo.* Juan 3:1-21.

I. Introducción. Sabes lo que es el nacimiento de carácter físico. Existe otro nacimiento de carácter espiritual, procedente del cielo. Este nacimiento se produce por intermedio del Espíritu Santo y de la Palabra de Dios. Versículos 3-8.

II. Presentación. Lo celestial: El plan de la salvación, que involucra el sacrificio expiatorio del Hijo de Dios en la cruz del Calvario, sacrificio que es adecuado para borrar tanto los pecados como para sanar las enfermedades de la raza humana. Versículos 10-17.

III. Aplicación. La *fe* es el único requisito para obtener esta salvación. Ver. 18.

IV. Culminación. Existe un peligro terrible que amenaza constantemente al hombre, el cual consiste en amar más las tinieblas que la luz, o en otras palabras, amar más al error que a la verdad. Arrepiéntete pues, abandona tus pecados, acude a la luz del evangelio y acepta la salvación que el Señor te ofrece.

3. *El discurso pronunciado ante los griegos.* Juan 12:20-33.

I. Introducción. Los griegos habían venido para rendir honores al gran Maestro, más él no buscaba el honor ni la gloria de los hombres. Era verdad que el Señor iba a ser glorificado, mas lo sería por medio de la muerte. Se trataba de una gloria con respecto a la cual los griegos no habían oído nada. Ver. 23.

II. Presentación. La semilla no se multiplica hasta que no cae en la tierra y muere allí. De la misma manera que la semilla cae en la tierra y muere, así también Jesús fué el grano de trigo que iba a morir en la tierra. Mas en la naturaleza misma vemos el milagro de la resurrección. La semilla aparece otra vez, no ya un solo grano, sino con mucho fruto. Esto era lo que el Señor Jesús iba a hacer: sacrificar su vida a fin de llevar muchos hijos a la *gloria*. Versículos 24 y 25.

III. Aplicación. ¿Quieres ser siervo de Jesús? Te será entonces necesario seguirlo por el mismo sendero, es decir, por la muerte y resurrección, en otras palabras, por la muerte en lo que respecta al pecado y por la resurrección en lo que se refiere a la vida de pureza y obediencia. Es el único camino a la gloria. Versículo 26.

IV. Culminación. La glorificación por medio de la muerte. Versículos 28, 32.

BOSQUEJO DE ALGUNOS MENSAJES DE PEDRO

1. *El sermón en el día de Pentecostés. Hechos* 2:14-40.

I. Introducción. Una explicación de los fenómenos maravillosos y una contestación a la pregunta de los versículos 14-21.

II. Presentación. Jesús Nazareno, que fuera aprobado de Dios por su vida, sus palabras y sus milagros, y que fuera muerto por manos inicuas, ha sido resucitado por el poder de Dios y continúa obrando por medio de sus siervos. Versículos 22-28.

III. Aplicación. Vuestros mismos profetas profetizaron con respecto a la resurrección, nosotros somos testigos oculares, y el derramamiento del Espíritu Santo que veis y oís es otra prueba de que Jesús está ahora vivo en el cielo y está operando en la tierra en favor de sus discípulos. Debéis aceptarlo entonces en vuestros corazones como SEÑOR y CRISTO. Versículos 29-36.

IV. Culminación. Versículos 37-40.

2. *El sermón en la casa de Cornelio. Hechos* 10:34-43.

I. Introducción. Dios nos hizo a todos y su amor es universal. ¡Qué esperanza bendita fué ésta para aquellos gentiles despreciados! Versículos 34, 35.

II. Presentación. JESUS ES EL SALVADOR UNIVERSAL. Se hace referencia aquí a su ministerio terrenal; a su poder sanador; al hecho de que fué la manifestación de Dios el Padre ante los hombres; a su muerte expiatoria en la cruz; al hecho de que Dios ofreció su hijo como sacrificio, para resucitarlo luego al tercer día; a su comisión a sus discípulos y a su segunda venida para juzgar a los vivos y a los muertos. Versículos 33-42.

III. El glorioso mensaje de salvación es proclamado a todos; cualquiera que cree en Jesús será salvo. Versículo 43.

IV. Culminación. ¡Roguemos a Dios que nuestros mensajes tengan con frecuencia una culminación semejante! El Espíritu Santo cayó con inusitado poder, y todos los oyentes fueron salvados, santificados y bautizados con el Espíritu Santo, hablando en otras lenguas como en el día de Pentecostés. Versículos 44-46.

BOSQUEJO DE ALGUNOS MENSAJES DE PABLO

1. *El sermón en Antioquía de Pisidia.* Hechos 13:16-41.

I. Introducción. Una reseña del trato de Dios con la nación judía, tomada de las mismas Escrituras judías, hasta la época de David, de cuyo linaje iba a nacer el Mesías. Versículos 16-22. Al emplear las Escrituras judías, Pablo establece contacto con su auditorio por el método de menor resistencia.

II. Presentación. JESUS EL SALVADOR. Nació el Salvador del linaje de David, en cumplimiento de la promesa de Dios. El Señor Jesús fué presentado por Juan el Bautista y proclamado como el Salvador. Los judíos de la ciudad de Jerusalem lo rechazaron y lo crucificaron, mas Dios lo resucitó de los muertos. Esta verdad fué confirmada por testigos oculares, y la noticia se está esparciendo por todos los ámbitos del mundo. Versículos 23-27.

III. Aplicación. ¿Qué vais a hacer con esta grande salvación que os es ofrecida? Es suficiente para satisfacer cada una de vuestras necesidades y para lavaros de toda mancha de pecado. Versículos 38, 39.

IV. Culminación. Una amonestación solemne de la condenación que espera a todos los que desprecian y rechazan el mensaje Vers. 40, 41.

2. *El sermón en el Areópago de Atenas.* Hechos 17:22-31.

I. Introducción. Una alusión a sus muchos altares, reconociendo que eran muy religiosos y que buscaban el culto del verdadero Dios. Versículos 22, 23.

II. Presentación. Comienza con el "Dios no conocido," que ellos adoraban por ignorancia, y lo proclama Creador del cielo y de la tierra. Se trata de un Espíritu que no puede ser adorado bajo la forma de figuras humanas, el Dador de todas las cosas, que derrama sus bendiciones sobre todas las naciones por igual, y gobierna sus destinos. El fin que persigue al derramar sus beneficios es que los hombres lo busquen y sean salvos. Demuestra la insensatez de la idolatría al citar una máxima de uno de sus mismos poetas. Versículos 24-29.

III. Aplicación. Dios ha tenido mucha paciencia con los pecadores, mas ahora, habiéndonos hablado por su Hijo, el DIOS-HOMBRE, CRISTO JESUS, nos llama al arrepentimiento. Vers. 30, 31.

IV. Culminación. Este Jesús fué resucitado de los muertos y vendrá otra vez, para constituirse en el Juez nombrado por Dios para juzgar a todos los hombres. Ver. 31.

Nótese bien que en todos los discursos arriba citados como ejemplos, el método de acercamiento al auditorio es distinto según las clases de personas: judíos, gentiles, filósofos griegos o paganos ignorantes. Mas en todos sus discursos, el tema es uno: JESUS EL SALVADOR VIVIENTE Y PODEROSO. El Señor abastece con perfección las necesidades de todos los hombres, de cualquier raza o condición de vida.

BOSQUEJO DE ALGUNOS SERMONES TEXTUALES

1. *La forma cómo Jesús describe su muerte*

Texto: Me amó y se dió a sí mismo por mí. Gálatas 2:20.

I. Introducción. Se trata éste de un mensaje apto para el viernes de Semana Santa. Describe con brevedad los acontecimientos de aquel día. Veamos: ¿por qué Jesús sufrió tanto?

II. Presentación. Jesús murió para pagar el precio de nuestro rescate, Mateo 20:28; para derramar la sangre del pacto, Marcos 14:24 y Hebreos 9:17-22; para demostrar el amor por sus ovejas, Juan 10:11-18; para cumplir el requisito a fin de atraer a la raza humana, Juan 12:32. Asimismo su muerte representaba el pan de Dios, que fué quebrantado para saciarnos, Juan 6:51; el grano de trigo que muere para llevar mucho fruto, Juan 12:24; una lucha con el príncipe de este mundo. Juan 14:30, 31.

III. Aplicación. ¿Qué representa o significa la crucifixión de Jesús para vosotros? Aceptad el rescate, refugiaos bajo la sangre, comed del Pan de vida y entrad en el aprisco de las ovejas de Cristo.

IV. Culminación. La muerte de Jesús es la única muerte en toda la historia que ha sido tan poderosa: una expiación plena, completa, suficiente y eterna para los pecados de todo el mundo; un quebrantamiento completo de la cabeza de la serpiente; y ahora Satanás es un enemigo ya vencido.

2. *¿Qué es la religión verdadera?* Texto: Santiago 1: 26, 27.

I. Introducción. Describe el sentimiento innato de religión en todo ser humano, aun en las tribus paganas, que creen siempre en algún poder supremo. La religión ha sido descripta como la "fe y la práctica cristiana." Señala la única base fundamental de la práctica cristiana, es decir, la salvación que se consigue, no por obras buenas, sino por la gracia de Dios por medio de la fe en la expiación de Jesús. Efesios 2:9-10. Veamos ahora cuáles son las características de una persona religiosa, es decir, de una persona que ha sido salvada de verdad.

II. Presentación. (1) La religión pura refrena la lengua. Ver. 26. Capítulo 3:2-13; Efesios 4:29-32; 1 Pedro 3: 9, 10. (2) La religión pura socorre a los afligidos. Ver. 27. Mateo 25:34-40. (3) La religión pura nos separa del mundo. Ver. 27. 2 Corintios 6:14-18; Juan 15:19; 17:14-16.

III. Aplicación. ¿Qué clase de religión tienes tú? ¿Se basa sobre el único fundamento, Jesucristo, y lleva esos frutos? Si no es así, abandona tus propios esfuerzos y acepta hoy la religión pura.

IV. Culminación. Cristo nos salva no solamente para que gocemos de la salvación, sino para que seamos el medio de la salvación de otros también. Si tenemos su religión pura, demostremos nuestra gratitud al Señor, no solamente por intermedio de nuestros labios, sino también por nuestras vidas.

3. *Las voces de Jesús.* Texto: "Os daré a conocer mis palabras." Proverbios 1:23.

I. Introducción. Describe lo que es la voz, su poder, su autoridad, cómo reconocerla, las asociaciones que trae, la memoria y otros aspectos.

II. Presentación. (1) La voz del Salvador. Mateo 11:28. (2) La voz del Pastor. Juan 21:19; 10:27. (3) La voz del Maestro. Mateo 11:29; (4) La voz del Amo. Lucas 19:13; (5) La voz del Esposo. Cantares 5:2. (6) La voz del Amigo. Apocalipsis 3:18. (7) La voz del Médico. Juan 5:6.

III. Aplicación. Cada una de las palabras de Jesús

requiere de nosotros un oído atento y un corazón obediente.

IV. Culminación. Tan sólo los que están próximos a Jesús pueden oír claramente su voz. Vivamos, pues, cerca de Jesús, y dejemos que su Espíritu prepare nuestros corazones, a fin de capacitarnos para oír su voz callada y suave, y responder a ella. Si procedemos así, no nos faltará el perdón, la dirección, la enseñanza, el servicio, la comunión, el consejo, ni la sanidad.

4. *Lo que envuelve vivir con Jesús.* Texto. 1 Samuel 22:23.

I. Introducción. Describe las circunstancias de la huída de Abiatar a David, y cómo éste es un tipo de Jesús, al ser rechazado por el mundo. Se trata del Rey ungido por Dios, mas no reconocido aún abiertamente por el mundo.

II. Presentación (1) La intrepidez derivada de la comunión. Salmo 23:4; Isaías 41:10; 1 Juan 4:18; (2) La identificación con el autor de la Vida. Juan 14:19; Lucas 10:16 y Gálatas 2:20; (3) La protección de su presencia. Juan 16:33; Efesios 6:13; Zacarías 2:5.

III. Aplicación. ¿Has buscado la protección de Jesús? Si no lo has hecho, búscala hoy, entregándote a él completamente. Involucrará volver las espaldas al pecado, abandonar tu antigua vida, escapando así la ira venidera, y saliendo fuera del "campamento," con el objeto de obtener la protección de Jesús, y confiar solamente en él para la salvación.

IV. Culminación. Si entras hoy en este refugio seguro, te quitará todo temor, te librará para vivir en comunión diaria con Jesús, y te dará una protección absoluta de todos tus enemigos espirituales.

5. *El Bautismo del Espíritu Santo.* Texto: Efesios 5:18.

I. Introducción. Describe lo que este Bautismo no es. (1) No es la conversión. Juan 15:19. (2) No es la santificación. Juan 15:3. Demuestra que toda persona salvada tiene el Espíritu Santo, (Romanos 8:9). En el Bautismo del Espíritu Santo, el hombre recibe el Espíritu en su plenitud, para que tome posesión no solamente del espíritu del creyente, sino también de su *cuerpo.* Jesús mandó a sus discípulos, que eran salvos y santificados, que se quedaran hasta recibir el Bautismo con el Espíritu Santo.

II. Presentación. El Bautismo con el Espíritu Santo constituye lo siguiente: (1) El poder para servir al Señor. Hechos 1:5, 8; Lucas 24:49. (2) La herencia de todo creyente. Hechos 2:38, 39; Juan 7:37-39. *Condiciones para recibirlo:* (1) Pedid. Lucas 11:13; (2) Creed. Marcos 16:17, 18. (3) Obedeced. Hechos 5:32. (4) Recibid. Juan 20:22. *Ejemplos de su recepción:* (1) Hechos 2:1-4; (2) Hechos 10:44-48; (3) Hechos 19:1-6.

III. Aplicación. ¿Has recibido el Bautismo con el Espíritu Santo? Si no es así, búscalo.

IV. Culminación. Aunque es posible que hayas sido salvado por varios años, y recibido muchas bendiciones del Espíritu Santo, si él no ha tomado posesión de tu cuerpo y ha hablado por tus labios en lenguas extrañas, te está llamando hoy para que busques su plenitud, como la recibieron los 120 el día de Pentecostés. Fué ésa la *lluvia temprana* y en estos postreros días está cayendo la *lluvia tardía*. Recíbela.

6. *El Buen Pastor y sus ovejas.* Texto: Juan 10:11.

I. Introducción. Describe un pastor oriental. Expresa cómo vive con sus ovejas, conoce a cada una por su nombre individual, las cuida una por una, marcha delante de ellas y les enseña a seguirle, las busca cuando se desvían y arriesga su vida por ellas. Demuestra cómo Jesús ha entregado su vida por nosotros, derramando su preciosa sangre para redimirnos y volvernos al redil. Mateo 18:11-14; Lucas 15:3-7.

II. Presentación. Tenemos tres títulos dados al Señor Jesús como el Pastor nuestro, a saber: (1) En el pasado, el Buen Pastor. Juan 10:11. (2) En el presente, el Gran Pastor, Hebreos 13:20. (3) En lo futuro, el Pastor Principal. 1 Pedro 5:4. Se pone en contraste con lo siguiente: (1) El lobo, que es Satanás. Juan 10:12: 1 Pedro 5:8. (2) El ladrón, salteador o extraño, que representa a los maestros falsos que enseñan el error, y que no conducen a las ovejas por la Puerta, Cristo Jesús, sino que trepan por alguna parte distinta. Por ejemplo: la Ciencia Cristiana, el Nuevo Pensamiento, el Espiritismo, y otros. Juan 10:1, 5, 8, 10; Gálatas 1:7-9. (3) El mercenario, o el pastor que trabaja tan sólo para ganarse la vida y por lo tanto el deseo de cuidar las ovejas no nace de su corazón. Juan 10:12, 13; Ezequiel 34:2-6.

III. Aplicación. Jesús es la Puerta, la única entrada al redil, o el reino de Dios. Juan 14:6. Entra al redil por intermedio de él, que es la Puerta, y tendrás (1) salvación personal; (2) comunión; (3) ministerio en favor de los demás; (4) alimento espiritual, que es la Palabra de Dios.

IV. Culminación. Pide al Señor Jesús que te haga un *pastor fiel,* (Juan 10:2) para señalar el camino a las ovejas perdidas y traerlas al redil del Buen Pastor.

BOSQUEJO DE ALGUNOS MENSAJES EXPOSITIVOS

1. *Una exposición de Oseas 14.*

I. Introducción. Describe la condición de los israelitas en la época cuando escribió Oseas. El citado profeta nos habla de los reincidentes.

II. Presentación. (1) La súplica tierna y amorosa de Dios a su pueblo reincidente. El Señor pone las palabras mismas de arrepentimiento en sus labios. Versículos 1-3. Tenemos aquí una descripción muy bella del arrepentimiento. (2) Las expresiones de gracia del trino Dios, que dice: "Yo sanaré sus apostasías (el Hijo); los amaré de pura gracia," (el Padre) y "Yo seré como el rocío a Israel," (el Espíritu Santo) causando la fertilidad de una vida nueva. (3) Los resultados de la obra del Espíritu Santo en la vida. (a) Pureza, versículo 4. (b) Estabilidad, versículo 5. (c) Influencia, versículo 6. (d) Hermosura, versículo 6. (e) Abnegación. v. 6 (El olivo se gasta en servir y alimentar a la humanidad). (f) Fragancia. v. 6.

(g) Testimonio, versículo 7. (4) El crecimiento continuo en comunión con el Espíritu Santo, que involucra depositar la confianza únicamente en Jesús y llevar siempre mucho fruto. Versículo 8. (5) La sabiduría de estudiar los planes y caminos de Dios. Versículo 9.

III. Aplicación. ¿Te has desviado del camino de Dios? Vuélvete al Señor y deja que él haga todo eso para ti.

IV. Culminación. El plan de la salvación es tan inmenso, gratuito y suficiente que satisface a Dios, el Juez justo, y a la vez satisface perfectamente al pecador perdido. Acéptalo hoy, abandona tus ídolos y deposita toda tu confianza en Cristo tu Salvador.

2. *Una exposición de Zacarías 3.*

I. Introducción. Describe la condición de la nación judía al volver de la cautividad babilónica, y cómo Josué, el sumo sacerdote, representa a todo el sacerdocio, que Dios quería limpiar y usar para su gloria en la bendición de otras almas también. Se puede emplear como representación o símbolo de los obreros de la actualidad y del proceso de su lavamiento y preparación para el servicio de Dios. Apocalipsis 1:5, 6.

II. Presentación. Vemos aquí a un pecador acusado delante de Dios por Satanás, el adversario. El pecador no puede alegar una sola palabra en su favor para justificarse. Pero Cristo, el Salvador de los pecadores, responde por él, reprendiendo a Satanás, demostrando la eficacia de su expiación, e ilustrando lo que su gran salvación hace por el pobre pecador. Isaías 64:6; Romanos 8:31-34. De esta manera, el pecador es: (1)

escogido, ver. 2; (2) limpiado, ver. 4; (3) vestido, ver. 4; (4) coronado, ver. 5; y (5) comisionado, ver. 7.

III. Aplicación. Suplica a cada oyente que se rinda al Señor para recibir toda clase de bendición. Demuestra en los versículos 8-10 cómo se profetiza la venida del Sumo Sacerdote por excelencia; que reinará como Rey de reyes por la eternidad. Estos versículos se cumplirán literalmente para los judíos cuando Jesús vuelva, y se cumplen espiritualmente en cada uno que recibe a Jesús como su Señor.

IV. Culminación. ¿Quieres ser obrero de Cristo? Entonces tendrás que pasar por el proceso ya descripto, a fin de prepararte para ser un sacerdote de Dios, su representante delante del pueblo y el representante de ellos delante del Señor, presentando las necesidades del pueblo en intercesión continua delante del trono de Dios.

3. *Una exposición de* 1 *Samuel* 9.

I. Introducción. Describe la época durante la cual vivió Saúl, la demanda del pueblo en favor de un rey, y la elección de parte de Dios de este humilde hombre de la tribu de Benjamín. Tenemos aquí *el camino de una vida vencedora.* Romanos 5:17; Apocalipsis 1:6; 5:10; 20:6 y 1 Pedro 2:9.

II. Presentación. Saúl estaba en las siguientes condiciones: (1) desesperado, ver. 4; (2) perplejo. ver. 5; (3) perdido, ver. 6; (4) hambriento, ver. 7; (5) pobre, ver. 8; asimismo buscaba ayuda, ver. 11; procedió con humildad, ver. 21. Saúl recibió lo siguiente: (1) la bienvenida, ver. 19; (2) un banquete, ver. 24;

(3) descanso, ver. 19; (4) comunión, ver. 25 y (5) la unción, capítulo 10:1.

Todo aquél que quiera vivir una vida espiritual victoriosa debe poseer (1) la hermosura de la santidad, ver. 2; (2) debe ser obediente, vers. 3, 4; (3) solícito con respecto a los demás, ver. 5; (4) sensato, ver. 7; (5) humilde, ver. 21; (6) callado, capítulo 10:16 y (7) paciente, capítulo 10:27.

III. Aplicación. Insta a los creyentes que no viven la victoria en el Señor, a que logren la victoria sobre el mundo, la carne y el diablo.

IV. Culminación. Si estás desesperado, perplejo, perdido, hambriento o pobre, acude a Jesús y preséntate delante de él a fin de que resuelva todos tus problemas, abastezca tus necesidades y te haga vencedor en tu vida.

4. *Una exposición de* 1 *Corintios* 13.

I. *Introducción.* Lo más grande en el mundo es el *amor,* porque Dios es amor. 1 Juan 4:8, 16. En los versículos 1-3 se contrasta con (1) lenguas, (2) profecía (3) misterios, (4) ciencia, (5) fe, (6) caridad y (7) martirio. Todo esto es bueno, mas sin el amor divino no posee valor alguno, pues no debemos buscar los dones sin el Dador de ellos.

II. Presentación. El análisis del amor. Versículos 4-7. En el amor está incluida: (1) la paciencia, (2) la benignidad, (3) la generosidad, (4) la humildad, (5)

la cortesía, (6) la abnegación, (7) la moderación,
(8) la clemencia, (9) la indulgencia, (10) la longani-
midad, (11) la misericordia y (12) la sinceridad.

III. Aplicación. Abre tu corazón y tu ser todo a fin
de que el Espíritu de Dios derrame sobre ti este amor
divino. Romanos 5:5.

IV. Culminación. La profecía, las lenguas y la ciencia
tocarán a su fin, porque la profecía cesará al cumplirse,
las lenguas terminarán cuando veamos al Señor cara
a cara y podamos hablarle en el lenguaje del Espíritu;
y la ciencia que tenemos en la actualidad será absorbida
en la plena comunión de la gloria. La fe, la esperanza
y el amor *permanecen,* mas el mayor de ellos es el *amor.*

BOSQUEJO DE ALGUNAS LECTURAS BIBLICAS

1. *Algunos aspectos de la obra del Espíritu Santo.*

I. Introducción. El Espíritu es el poder ejecutivo de
la Deidad. Es él quien revela a nuestro ser interior lo
que Cristo ha hecho por nosotros.

II. Presentación. El Espíritu Santo es: (1) el
Luchador, para vencernos, Génesis 6:3; Nehemías
9:30; Juan 16:8-11. (2) El *Sello,* para guardarnos,
Efesios 1:13; 2 Timoteo 2:19. (3) El *Santificador,*
para separarnos para el servicio divino, 1 Pedro 1:2;
2 Corintios 6:17, 18; 7-1. (4) La *Fortaleza,* para pre-
pararnos para su servicio. Efesios 3:16; Hechos 1:8.

(5) El *Soberano,* para regirnos, 2 Corintios 3:17, 18.

(6) El *Maestro* para enseñarnos, Mateo 10:20; Juan 14:26; Hechos 10:19; 11:12; 13:2; 16:6, 7, 10. (7) El *Manantial,* para el abastecimiento de todas nuestras necesidades.

III. Aplicación. ¿De qué manera piensas tratar al Espíritu Santo? Puedes resistirlo, Hechos 7:51. (2) Rebelarte, Isaías 63:10. (3) Mentirle, Hechos 5:3. (4) Blasfemarlo, Marcos 3:29, 30. (5) Contristarlo, Efesios 4:30. (6) Apagarlo. 1 Tesalonicenses 5:19. Para evitar todo esto, Dios te llama a *obedecer* al Espíritu Santo. Hechos 5:32.

IV. Culminación. Este bendito Espíritu Santo constituye la respuesta de Dios al clamor de tu corazón. En él está el abastecimiento de todas tus necesidades, tanto para el presente como para la eternidad.

2. *El llamamiento de los cuatro profetas.* Isaías, Jeremías, Ezequiel y Daniel.

I. Introducción. Describe las condiciones de vida en Palestina. Menciona cuán pocos sabían leer; la importancia de la obra del profeta, el cual iba de una ciudad a otra, de aldea en aldea, de casa en casa, proclamando la Palabra de Dios. Estos hombres no eran elegidos por el pueblo, sino escogidos y comisionados por Dios.

II. Presentación. (1) *Isaías* significa "Jehová salva." Isaías 6. Este capítulo constituye un llamado al profeta para testificar del Salvador venidero. Este llamado involucra la limpieza de la culpabilidad y del poder

del pecado, y el revestimiento del Espíritu Santo
y fuego. (2) *Jeremías* significa "Dios provee." Se trata
de una referencia a la provisión del Cordero de Dios
para el sacrificio. Asimismo se hace un llamado a una
vida de sufrimientos. Nos presenta el valor que hace
de un hombre tímido un valiente para servir a su Dios,
cueste lo que cueste. Jeremías es un tipo del Salvador
sufriente, del Cordero de Dios. (3) *Ezequiel* significa
"Dios fortalece." Constituye un llamado a proclamar
que Dios nos fortalece y nos puede revestir de poder a
fin de vivir una vida consagrada al Espíritu Santo.
Constituye un ejemplo de la perseverancia que tan sólo
el Espíritu puede infundirnos. (4) *Daniel* significa
"Dios es mi Juez." Daniel recibió el llamamiento de
proclamar que Dios es el Soberano de todos los reyes de
la tierra. El libro de Daniel demuestra la confianza
serena en medio de las pruebas y las aflicciones, confianza que procede de una dependencia absoluta en él.

III. Aplicación. Una súplica dirigida a los que son
llamados a ser obreros del Señor, para que se rindan
completamente a él, obedezcan la voz del Espíritu y
permitan que él les prepare.

IV. Culminación. Si quieres ser un profeta en el
sentido del Nuevo Testamento (léase 1 Corintios,
capítulos 12 y 14) debes ser salvo, santificado, bautiza-
do con el Espíritu Santo, rendido a sus operaciones y
revestido de sus dones.

3. *El castigo eterno*. Proverbios 29:1; Daniel 12:2.

I. Introducción. El sentido instintivo de justicia que

tiene cada uno de nosotros nos hace creer que habrá una retribución futura, y que "todo cuanto el hombre sembrare, eso también segará." Gálatas 6:7.

II. Presentación. (1) Los que rechazan a Cristo como su Salvador, morirán en sus pecados y no podrán ir donde él está. Juan 8:21, 24. (2) Los que han practicado lo malo saldrán de sus sepulcros para condenación. Juan 5:28, 29. (3) Los desobedientes heredarán la ira, indignación, tribulación y angustia. Romanos 2:5-9. (4) Los que no conocen a Dios ni obedecen el evangelio sufrirán el castigo de eterna perdición. 2 Tesalonicenses 1:8, 9. (5) Todos aquéllos cuyos nombres no se encuentran en el Libro de la Vida serán echados al lago de fuego. Apocalipsis 20:15. (6) Los que descuiden a Cristo irán al suplicio eterno. Mateo 25:46. (7) Los cobardes, los incrédulos, los abominables, los homicidas, los fornicarios, los hechiceros, los idólatras, y todos los mentirosos caerán en el lago de fuego. Apocalipsis 21:8. La palabra *fuego* se emplea a menudo para describir un terrible tormento. Mateo 7:19; 13:30, 41, 42, 47-50; Isaías 66:24; Hebreos 6:8; 10:26, 27; Apocalipsis 20:15; 21:8. La palabra *muerte* no significa cesación de la existencia, sino una vida mala, depravada y separada de la comunión de Dios. 1 Timoteo 5:6; 6:19; Efesios 2:1 y Apocalipsis 21:8. Las palabras *destrucción y perdición* no significan tampoco cesación de la existencia, sino la ruina total de alguna cosa, que no sirve más para el fin al que había sido destinada. Mateo. 9:17; 26:8; Apocalipsis 17:8, 11; 19:20; 20:10. Por estas referencias vemos que la destrucción significa la condición de seres conscientes

en un lugar de tormento sin fin. Apocalipsis 14:10, 11;
Isaías 66:24; Marcos 9:43-50; Hebreos 9:27; Lucas
16:26; Romanos 2:12, 16; 3:19-22.

III. Aplicación. ¿Estás rechazando a Jesús, el Salvador que se te ofrece hoy? ¿Estás todavía cargado de
tus pecados y desobedeciendo a Dios? ¿Está tu nombre
escrito en el Libro de la Vida? ¿Desconoces la vida de
Jesús, y su obra expiatoria en la cruz? Ven a Jesús
con una fe viva y te salvará hoy mismo.

IV. Culminación. Aléjate con apresuramiento de la
ira que vendrá. Acude a Dios mientras te llama, pues
mañana podría ser demasiado tarde. La puerta de la
misericordia podría cerrarse para siempre.

4. *La segunda venida de Jesús.* Juan 14:3.

I. Introducción. Describe cómo el Señor Jesús se
fué. Hechos 1:1-11. Volverá del mismo modo, es decir,
(a) con un cuerpo humano literal; (b) en las nubes:
(c) será visto tan sólo por los suyos. 1 Corintios 15:23;
Hebreos 9:28.

II. Presentación. ¿Cuándo vendrá Jesús? (1) En la
hora que los hombres no piensan. Mateo 24:42, 44;
25:13; Marcos 13:32-37; 1 Tesalonicenses 5:2; 2 Pedro
3:10; (2) en breve. Juan 16:16; Hebreos 10:37; Santiago 5:8, 9; Apocalipsis 3:11; 22: 7, 12, 20. Esta
bendita esperanza debe darnos lo siguiente: (1) Consuelo en la aflicción. 1 Tesalonicenses 4:18. (2) Paciencia
en los sufrimientos. Santiago 5:7; 1 Pedro 4:13. (3)
Estabilidad en las tentaciones. 1 Pedro 1:7. (4) Amor
fraternal. Santiago 5:9; Hebreos 10:24, 25.   (5) El

deseo de vivir una vida de vigilancia. Romanos 3:11, 12;
Marcos 13:35, 37. (6) El deseo de ser diligentes. 2
Timoteo 4:1, 2; Marcos 13:34; 1 Corintios 15:51,
58; (7) Pureza de corazón y vida. 1 Juan 2:28; 3:2,
3; Tito 2:12, 13: 1 Tesalonicenses 5:23.

III. Aplicación. ¿Crees en realidad que Jesús puede
venir a cualquier momento? Si es así, nunca irás
a un lugar donde no quieras que al Señor te halle; ni
leerás libro alguno que no quisieras que el Señor te
encuentre leyendo cuando venga; ni dirás nada que
no quieras que el Señor escuche cuando venga. 1 Juan
2:28.

IV. Culminación. ¿No vale la pena acaso abandonar
el mundo y seguir al Señor Jesús? ¿Qué te puede
ofrecer el mundo en comparación con las bendiciones
que les pertenecen a aquéllos que están esperando al
Salvador en la gloria? Permítele entonces que te salve
hoy mismo.

Nos agradaría recibir noticias suyas.
Por favor, envíe sus comentarios sobre este libro
a la dirección que aparece a continuación.
Muchas gracias.

Vida@zondervan.com
www.editorialvida.com